Imp. Eugène Heutte et Cie, à Saint-Germain.

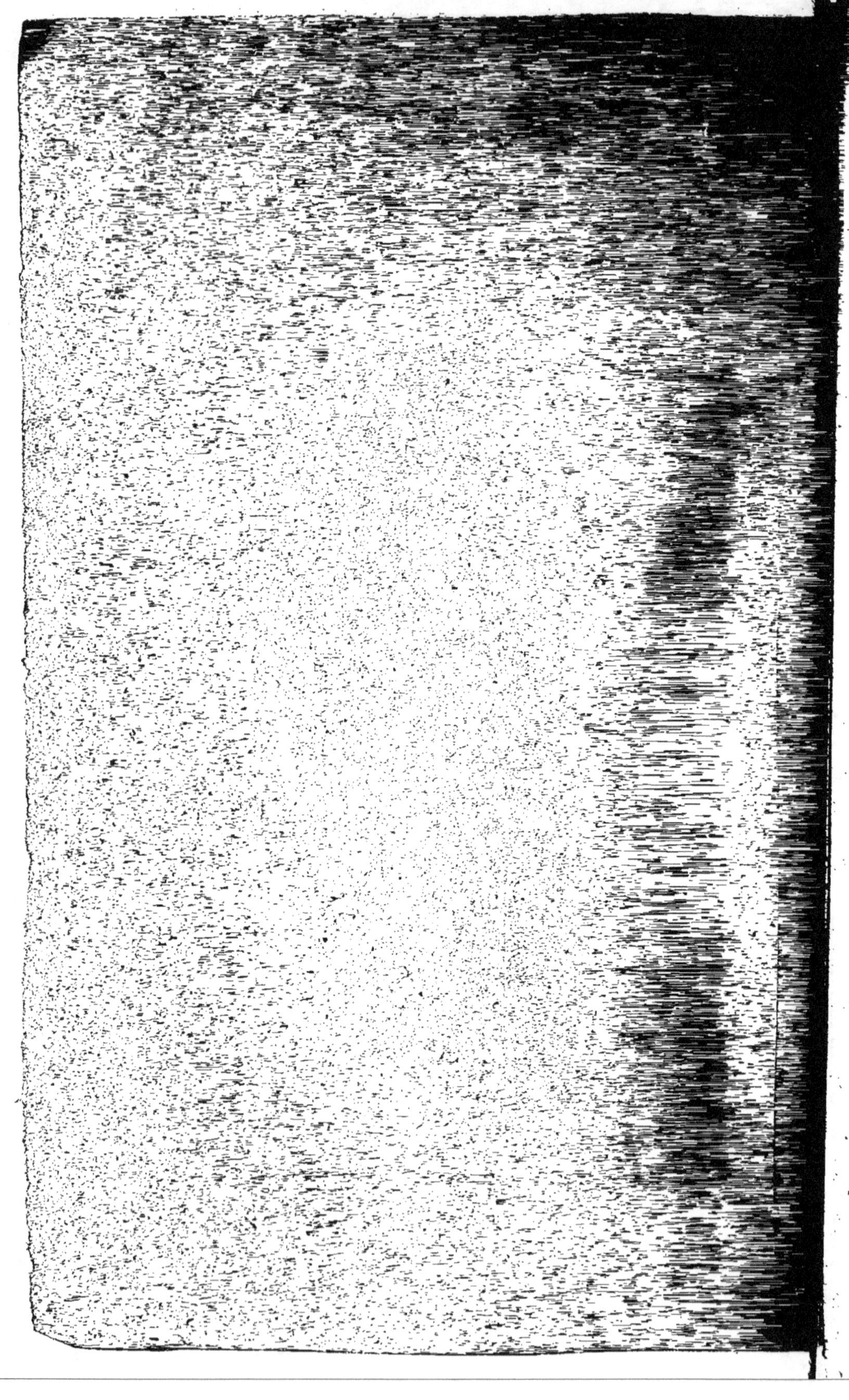

COURS COMPLET

D'ORTHOGRAPHE

PREMIER DEGRÉ

Toutes nos éditions sont revêtues de notre griffe.

Charles Delagrave et Cie

Imp. Eugène HEUTTE et Cie, à Saint-Germain.

COURS COMPLET D'ORTHOGRAPHE

PREMIER DEGRÉ

L'ORTHOGRAPHE ENSEIGNÉE PAR LA PRATIQUE

AUX ENFANTS DE 5 A 7 ANS

EXERCICES PRÉPARATOIRES

Pour copie, épellation, dictée, etc., présentant un

TRAITÉ ÉLÉMENTAIRE D'ORTHOGRAPHE D'USAGE

et quelques notions d'orthographe de principes.

Ouvrage signalé aux Instituteurs primaires par le rapport honorable qui en a été fait à M. le Ministre de l'Instruction publique, lors de l'Exposition universelle de 1867.

PAR Mme CHARRIER-BOBLET

Auteur de : *L'Orthographe enseignée par la pratique aux enfants de 7 à 9 ans*,

OUVRAGE AUTORISÉ PAR L'UNIVERSITÉ;

l'Orthographe du Participe enseignée par la pratique ; — la Ponctuation enseignée par la pratique, etc., etc.

Aperçu chronologique de l'histoire de France, etc., etc.

NOUVELLE ÉDITION

La science ne doit entrer que goutte à goutte dans le cerveau de l'enfance.

ROLLIN.

PARIS

C. DELAGRAVE ET Ce, LIBRAIRES-ÉDITEURS

58, RUE DES ÉCOLES, 58

1873

EXPOSITION UNIVERSELLE DE 1867

Extrait du rapport sur l'enseignement grammatical adressé à S. E. M. le Ministre de l'Instruction publique.

« 12° L'orthographe enseignée par la pratique aux enfants de cinq à sept ans, par Mme Charrier-Boblet. »

« L'ouvrage de Mme Charrier-Boblet est tout un système d'enseignement orthographique.

L'auteur suit pas à pas les exercices que l'on trouve à peu près dans toutes les méthodes de lecture, sur les sons, les articulations, les finales. On pourrait dire que c'est une méthode de lecture très-développée, appliquée immédiatement à l'étude de l'orthographe. Les procédés d'application sont : la lecture, la copie, la dictée de divers exercices préparés sur un exemple donné, et servant d'en-tête à la leçon. A la fin de ces exercices, l'enfant, en même temps qu'il connaît l'orthographe absolue d'un grand nombre de mots, doit se trouver familiarisé avec les grandes règles de notre orthographe, la conjugaison, les parties du discours. Chemin faisant, il a appris une foule de choses bonnes et utiles.

Son cœur et son intelligence ont dû se développer. De la théorie, tout juste ce qu'il en faut; de la pratique, beaucoup et toujours. Le livre paraît bien conçu, bien fait, *très-propre à servir de guide aux maîtres de nos petites classes.*

Est-ce à dire qu'il soit parfait?... L'auteur... a voulu ne présenter que des phrases formant un sens complet à l'aide de mots allant droit au but qu'il se propose. De là des efforts d'invention et de combinaison qui ne sont pas toujours heureux ....Cependant cet écueil, si commun dans les exercices préparés exclusivement en vue de telle ou telle règle de grammaire, se rencontre moins souvent chez Mme Charrier-Boblet. »

Les rapporteurs,

Signé : A. GANDON,
Chef de bureau au ministère de l'Instruction publique.

E. BROUARD,
Inspecteur primaire de la Seine.

Extrait (pages 109 et 110) d'un in-8° distribué aux maîtres primaires venus à l'Exposition, volume intitulé: **Ministère de l'Instruction publique. — Exposition universelle de 1867.** — *Rapports adressés à S. E. M. le Ministre de l'Instruction publique par les membres de la commission chargés d'examiner, etc., etc.*

PLAN ET BUT DE L'OUVRAGE

L'enfant qui apprend à lire, s'il épèle surtout, étudie en réalité l'orthographe; pourquoi donc ne pas faire marcher ensemble deux choses qui s'enchaînent si naturellement? pourquoi ne pas faire partir de la lecture elle-même, c'est-à-dire de l'épellation, le premier enseignement de l'orthographe? pourquoi laisser par une lacune, inintelligente selon nous, le jeune enfant perdre de vue les matériaux précieux qu'il a déjà bien péniblement amassés dans sa mémoire, et qu'il devra rassembler de nouveau plus tard avec peine, avec dégoût peut-être? Pourquoi? C'est parce qu'un ouvrage composé sous l'inspiration de cette pensée a manqué bien longtemps; cet ouvrage, nous l'avons offert, il y a quelques années déjà, aux instituteurs et aux mères de famille : l'accueil qu'on lui a fait lorsqu'il a paru, le succès dont il a été honoré, la flatteuse distinction qui lui a été accordée lors de l'Exposition universelle de 1867, enfin les résultats *étonnants* et *durables* qu'on a obtenus par l'emploi de ce livre, tout nous a prouvé que nous avons composé un ouvrage véritablement utile.

Nos *exercices préparatoires* sont en effet un véritable **TRAITÉ D'ORTHOGRAPHE D'USAGE**, dans lequel nous présentons d'abord uniquement des mots formés des syllabes les plus simples, puis des mots formés de syllabes plus compliquées, mais toujours sans doubles lettres et sans lettres muettes; — réservant pour la seconde moitié de l'ouvrage les exemples destinés à l'enseignement régulier de ces difficultés orthographiques.

Nos exercices, formés pour la plupart de phrases courtes, très-souvent instructives, et que nous nous sommes efforcée de mettre toujours à la portée des tout petits enfants, sont des matières de **COPIES** et de **DICTÉES** qui leur fournissent de nombreux exercices d'ÉPELLATION ; et enfin des **THÈMES** dont le but est d'habituer les plus jeunes élèves même à employer les signes de la pluralité.

Cet ouvrage se compose de deux parties bien distinctes et de quatre sections.

Dans la 1re partie, nous offrons méthodiquement des exercices sur la manière la plus simple et la plus naturelle d'écrire chacun des sons ou voyelles (1re *section*), — chacune des articulations ou consonnes (2e *section*) : — on n'y trouve point, ou l'on n'y trouve que vers la fin, des lettres muettes ou nulles; enfin nous y avons joint aux notions les plus élémentaires d'orthographe d'usage des exercices pratiques sur le *pluriel dans le substantif et dans l'adjectif*.

Dans la 2e partie, la plus importante pour l'étude

si essentielle de l'orthographe d'usage, nous présentons méthodiquement des exemples et des principes élémentaires pour l'emploi de certaines lettres muettes — et le doublement des consonnes = L'élève y apprendra donc (3e *section*), dans quels cas il devra régulièrement écrire le son *a*, par exemple par HA, par AS, par AT, etc. : le son *o*, par ô, par AU, par EAU, par OT, etc., etc. — comme il verra (4e *section*) dans quelles sortes de mots il doit écrire le *c* (dur) par C C (*acCroître*), ou par C Q U (*aCQUérir*) ; le *f* par le F F (*aFFaire*), ou par P H (*PHilosoPHie*), etc., etc. = Ajoutons que dans cette seconde partie, nous joignons aux notions d'orthographe d'usage des exercices pratiques élémentaies sur *l'orthographe du verbe*.

Nous n'avons rien négligé pour rendre cette nouvelle édition plus digne que toutes les précédentes de la faveur du corps enseignant; en effet, les soins apportés à la partie typographique de l'ouvrage, le choix et la disposition des caractères, rendent très-saillante l'application des règles d'orthographe ; — quelques devoirs ont été jugés un peu longs, nous les avons ramenés aux proportions que réclame la faiblesse de l'enfant à son début dans l'étude ; — quelques erreurs nous ont été signalées, nous les avons fait disparaître, et nous remercions ici les hommes *compétents* qui ont bien voulu nous aider de leurs lumières. — Enfin, on a relevé la monotonie et la singularité de quelques phrases : nous reconnaissons la justesse des critiques qui nous ont été adressées à cet égard, et nous avons fait nos efforts pour y remédier, mais nous n'avons pas toujours pu le faire autant que nous l'aurions désiré, tant est ardue la marche méthodique que nous nous sommes imposée : — **Ne présenter à l'enfant aucun mot dont il n'ait précédemment étudié l'orthographe !**

Nous nous estimerons heureuse si, grâce aux améliorations que de judicieux conseils nous ont fait introduire dans cette édition nouvelle, les instituteurs et les institutrices, en mettant ce livre dans les mains de **tous** leurs petits élèves, nous donnent la conviction que nous avons rendu quelque service aux personnes qui s'occupent d'instruction ; — et nous réclamons toujours leurs observations dont nous profiterons, en vue du bien de tous, pour les éditions subséquentes, ainsi que nous avons tâché d'en profiter pour celle-ci.

OUVRAGES DE Mmes CHARRIER ET BOBLET

COURS COMPLET D'ORTHOGRAPHE :

Recueils de dictées graduées, et classées méthodiquement, pour graver dans la mémoire les principes de l'orthographe et de la grammaire française.

L'Orthographe d'usage enseignée par la pratique aux enfants de cinq à sept ans; exercices et dictées très-élémentaires, où l'orthographe de chaque son est méthodiquement enseignée.

Cet ouvrage, imprimé en gros caractères, à la fois livre de lecture, et cours élémentaire d'*orthographe d'usage* et d'orthographe de principes, a été signalé aux *Instituteurs primaires* lors de l'Exposition universelle de 1867 par le RAPPORT TRÈS-FAVORABLE qui en a été fait à M. le Ministre de l'*Instruction publique*. Nouvelle éd., in-12 cart............... 1 fr. 50 c.

Orthographe d'usage élémentaire pour les enfants de cinq à sept ans, nouvelle édition. In-12, cartonné........... » 40

L'Orthographe enseignée par la pratique aux enfants de sept à neuf ans, recueil de 300 dictées méthodiques et graduées. Nouvelle édition. In-12, cartonné.... 1 50

L'ORTHOGRAPHE ENSEIGNÉE PAR LA PRATIQUE EST **AUTORISÉE PAR L'UNIVERSITÉ. — Autorisée par décision de M. le Grand-Chancelier et employée dans les maisons d'éducation de la Légion d'honneur**; honorée d'une **Mention honorable** de la Société pour l'Instruction élémentaire; — enfin, qualifiée par la Société grammaticale de *livre excellent, qui doit contribuer puissamment à faciliter l'étude de la langue française.*

Éléments de grammaire pratique pour les enfants de sept à neuf ans. In-12, cartonné..................... » 75

L'Orthographe du participe enseignée par la pratique aux enfants de neuf à douze ans, recueil de 140 dictées *graduées*, dans lesquelles la cacographie, reconnue si dangereuse, est remplacée par des moyens qui en offrent tous les avantages sans en avoir les inconvénients. In-12, cartonné. 1 50

Corrigé raisonné du même ouvrage, avec *remarques, notes*, etc. (*Partie du maître*). In-12, cartonné........... 1 50

Traité complet de l'accord du participe passé (deux règles ayant chacune une seule exception), avec de nombreux exemples raisonnés, etc. In-8°, 4e édition............. » 60

La ponctuation enseignée par la pratique, recueil de 150 dictées puisées dans la littérature française; classées méthodiquement, et régulièrement ponctuées. In-12, cartonné. 1 50

Principes logiques de ponctuation, avec de nombreux exemples raisonnés. In-12, cartonné................ » 60

Analyse grammaticale simplifiée et raisonnée, avec modèles d'analyses et exercices. In-12, cartonné........ 2 »

Cet ouvrage a, par décision de l'Académie française, mérité d'être déposé dans la bibliothèque de l'Institut.

L'analyse logique enseignée par la pratique : théorie, modèles d'analyses, et exercices gradués.

Traité complet de la conjugaison des verbes français, réguliers et irréguliers.

Traité complet de l'emploi de la majuscule, de l'accent, du tiret ou trait-d'union, etc., etc. In-8°, 3e édition.. » 90

Formation du pluriel dans les substantifs, renfermant tous les pluriels irréguliers. In-8°, 3e édition..... » 30

Formation du féminin dans les adjectifs, exposant la manière de former le féminin des adjectifs en *eur*, et renfermant tous les adjectifs irréguliers. In-8°, 3e édition..... » 40

Formation du pluriel dans les adjectifs, renfermant la manière de former le pluriel de tous les adjectifs en *al*. In-8°, 3e édition.................................... » 30

Aperçu chronologique de l'histoire de France. Opuscule-memento indispensable aux personnes qui doivent passer des examens, puisqu'il présente en 15 tableaux, d'un siècle chacun, la date d'avénement et de mort des rois de France, leur filiation, et un aperçu de leurs règnes. In-8°, NOUVELLE ÉDITION.. » 50

Aperçu chronologique de l'histoire d'Angleterre, comparée à la chronologie des rois de France, présentant, outre la date d'avénement et de mort des rois d'Angleterre, le nom de leurs femmes, un abrégé succinct de leurs règnes, et le nom du roi de France contemporain, etc. In-8°.. » 75

Aperçu chronologique de l'histoire d'Allemagne comparée à la chronologie des rois de France.

Tableau de **l'histoire politique des Juifs**, siècle par siècle, d'après l'Art de vérifier les dates. Une feuille colombier, coloriée.. 1 50

SOUS PRESSE :

Suite du Cours complet d'orthographe et de Langue française. — Exercices sur toutes les difficultés.

COURS COMPLET
D'ORTHOGRAPHE
PREMIER DEGRÉ

LEÇONS PRÉPARATOIRES.

Nota. *On devra faire étudier une de ces leçons, seulement, dans un jour.*

PREMIÈRE LEÇON PRÉPARATOIRE.

Petits enfants, écoutez bien : Pour exprimer, pour faire comprendre ce qu'on pense, on emploie des **mots.**

Exercice. — Ouvrir le livre aux pages 7, 8, etc., et faire distinguer à l'enfant le petit intervalle qui sépare les mots; — puis lui faire prononcer séparément chacun des mots d'une phrase ;— enfin lui faire dire le nombre de mots qui composent les phrases sur lesquelles on porte son attention.

DEUXIÈME LEÇON PRÉPARATOIRE.

Remarquez, enfants, que : Pour exprimer ou pour écrire tous les mots on emploie des **lettres.**

Exercice. — Faire remarquer, et faire nommer à l'enfant, les lettres de quelques mots, dans le 1er exercice de la page 7.

TROISIÈME LEÇON PRÉPARATOIRE.

Remarquez encore que : Il y a des lettres **minuscules** et des lettres **majuscules.**

Les lettres qu'on emploie le plus ordinairement se nomment lettres **minuscules**.

ALPHABETS DE LETTRES MINUSCULES.

a b c d e f g h i j k l m n o p q r
s t u v w x y z

a b c d e f g h i j k l m n

o p q r s t u v w x y z

Il y a des lettres plus grandes, plus ornées (*qui doivent commencer certains mots*); on les nomme lettres **majuscules**.

ALPHABETS DE LETTRES MAJUSCULES.

A B C D E F G H I J K L M N O P Q R
S T U V W X Y Z

A B C D E F G H I J K

L M N O P Q R S T

U V W X Y Z

Exercice. — Faire distinguer et nommer par l'enfant, dans les copies et les dictées des pages 7, 8, etc., les lettres minuscules et les majuscules.

QUATRIÈME LEÇON PRÉPARATOIRE.

Mes petits amis, si vous prononcez lentement et avec attention toutes les lettres de l'alphabet, votre oreille vous fera comprendre que : Il y a quelques lettres qui ont un son par elles-mêmes.

Les lettres qui ont un son par elles-mêmes se nomment **voyelles,** — chaque voyelle peint à elle seule un son.

a, e, i *ou* **y, o, u,** sont des voyelles.

Exercice. — Faire distinguer et nommer par l'enfant les voyelles dans les copies et les dictées des pages 7, 8, etc.

CINQUIÈME LEÇON PRÉPARATOIRE.

Remarquez de plus, mes enfants, que : La plupart des mots se prononcent en plusieurs fois, (ou en plusieurs émissions de voix ;) en effet : on prononce en deux émissions de voix, *a-mi, en-fants;* — en trois, *in-di-go;* — en quatre, *ac-ti-vi-té;* — en cinq, *in-com-pa-ra-ble;* — en six, *dés-a-gré-a-ble-ment;* — en sept, *in-com-pa-ti-bi-li-té;* — en huit, *in-cons-ti-tu-tion-nel-le-ment.*

L'ensemble des lettres qui se prononcent en une seule émission de voix (ou en une seule fois), forme une **syllabe.**

Il y a des mots qui n'ont qu'une syllabe : Exemples : *ô, la, blé, cris, beaux,* etc.

Il y a des mots de deux syllabes : *é-pi, ro-be,* etc. — Il y a des mots de trois syllabes : *ros-si-gnol, en-cri-er,* etc. ; — des mots de quatre syllabes : *co-que-li-cot, sau-te-rel-le,* etc. ; — des mots de cinq, de six, de sept, et même de huit syllabes.

Exercice. — Faire indiquer le nombre de syllabes composant quelques-uns des mots dans les copies ou les dictées pages 7, 8, etc.

SIXIÈME LEÇON PRÉPARATOIRE.

Rappelez-vous enfin que : Nommer séparément, puis prononcer ensemble toutes les lettres qui composent une syllabe, c'est **épeler** un mot.

Exercice. — Faire épeler les mots de la 3e leçon, page 8.

PREMIÈRE SECTION.

VOYELLES.

PARTIE TRÈS-ÉLÉMENTAIRE.

AVIS TRÈS-ESSENTIEL.

Avant de faire commencer l'étude d'une leçon, et pendant le temps qu'on y consacre, on devra toujours :

Faire apprendre par cœur la *phrase-type* qui, placée en tête de chaque leçon, présente **en gros caractère** des exemples du principe que l'élève va étudier, en lui faisant bien remarquer ce qui est en caractère plus gros ; — puis lui faire apprendre et *répéter souvent* la règle correspondant à cette phrase-type ; on trouve toutes les règles réunies dans l'opuscule de madame Charrier intitulé : **ORTHOGRAPHE D'USAGE ELEMENTAIRE.**

Faire copier bien exactement (sans négliger la ponctuation) les phrases renfermées dans l'exercice pour *copie* ; et présider pendant quelque temps à ce travail de l'élève, afin de l'habituer à le faire ainsi qu'il va être expliqué :

L'élève devra toujours avant d'écrire un mot l'épeler, et retenir dans sa mémoire toutes les lettres qui le composent ; ensuite il écrira en l'épelant tout bas, syllabe par syllabe, le mot entier sans jeter les yeux sur son livre : lorsque le travail que nous venons d'indiquer lui sera familier, il faudra l'habituer à retenir également deux mots, puis trois et plus. Si le petit élève avait une *difficulté excessive* pour l'orthographe on pourrait, pendant quelques jours, lui permettre de ne retenir qu'une syllabe, mais on doit *éviter avec le plus grand soin* de le laisser regarder dans son livre à chaque lettre qu'il copie.

Faire faire à l'élève, et lui faire faire *seul,* dès qu'il le pourra, les exercices appelés *thèmes,* en l'habituant à épeler, tout en les écrivant, les mots que renferment ces exercices, — et à mettre exactement à la fin des mots la marque du pluriel.

Enfin il faut faire au petit élève la *dictée,* en *exigeant absolument* de lui qu'il épèle une syllabe en l'écrivant ; — et dans la correction de la dictée il faudra non pas lui expliquer la règle contre laquelle il a péché, mais lui rappeler la *phrase-modèle* placée en tête de la leçon ; ainsi, au lieu de lui expliquer, par exemple, pourquoi il aurait dû employer dans un certain endroit une apostrophe, — ou bien écrire *an* par *am* (et non par *an*), — on devra lui dire pour l'*apostrophe :* Rappelez-vous, **c'est d'***Anna* **qu'***Amable parla* (p. 10) ; — pour le *an* : Rappelez-vous, **Am***broise a été* **am***puté dimanche* (page 35).

Nota. — *Tous les devoirs intitulés* dictée *pourront également servir de matière de copies.*

COURS COMPLET
D'ORTHOGRAPHE
PREMIER DEGRÉ

DE L'EMPLOI DE LA MAJUSCULE.

1re LEÇON.

= Papa est là. — Regarde...

Mes enfants, lorsque vous écrirez : **1° Commencez toujours par une majuscule le premier mot de votre copie, de votre dictée, etc.,** ainsi qu'on l'a fait ici au mot *Papa*.

De même : **2° Commencez toujours par une majuscule le premier mot que vous écrirez après un point,** comme vous l'avez vu ici dans le mot *Regarde*.

1er Exercice pour Copie.

Dès qu'un élève aura *copié* une phrase, il devra l'épeler de mémoire; — *nous ne reviendrons point sur cet avis.*

Mon camarade admira le panache de mon papa. — Papa se rasa là. — Camarade, qui avala la panade, la salade, la marmelade et le baba? — Mon ami ne fera pas de tapage.

1re Dictée. — Un orage fera du ravage. — Mon papa acheta un lama. — Papa me ramena mon camarade. — La carabine de papa ne partira pas. — Un arabe avala ma panade, une patate et ta salade.

2e LEÇON. — SUITE DE L'EMPLOI DE LA MAJUSCULE.

= *Regarde, **Anna**, voilà papa revenu de **Java**.*

3° Commencez toujours par une majuscule le nom propre (1) d'une personne, d'un pays, d'une ville, d'un fleuve, etc., etc.

2e **Copie.** — Papa, **A**nna cassa ta carafe. — Le papa de **R**osa et de **S**ara admira mon catalpa. — Mon ami **A**mable ira à **B**atavia et à **J**ava. — Madame **L**ami maria **M**aria à un arabe de **M**oka.

2e **Dictée.** — Le lama de **S**ara est malade. — Qui lava et repassa le falbala de **R**osa? — Le papa de ma camarade **A**nna est à **M**alaga. — La bavarde **N**ina ira à **B**atavia et à **S**umatra avec **A**nica et **M**aria.

3e LEÇON. — A.

= *Papa, Sara **a** du baba.*

3e **Copie.** — **1°** Papa achela une cage pour Sara. — Qui cassa la baraque de mon camarade Amable? — Voilà un arabe qui **a** une large balafre sur **la** face. = **2°** (2) Madame Mare lava dans cette mare-là **la** casaque de Lazare. — Mon papa me parla du Canada et de Malaga. — Madame Lamare mena Anna à **la** parade.

(1) *Comprenez bien, enfants, que :* On entend par *nom propre* le nom *particulier* d'une personne, d'une ville, d'un pays, etc.

(2) *Les exercices ainsi divisés pourront être faits en deux fois; quelques élèves un peu avancés déjà pourront n'en faire que la moitié, mais dans ce cas c'est le 2° qu'on devra préférer.*

Ainsi que vous le voyez dans Sara, baba, *etc.*, On emploie le plus souvent a pour peindre le son *a.*

NOTA. — Ces petites règles et les phrases-types qui les rappellent devront être apprises par cœur, on les trouvera complètes dans l'opuscule de Mme Charrier, intitulé : ORTHOGRAPHE D'USAGE ÉLÉMENTAIRE.

3e **Dictée.** — **1°** Un arabe mena ma caravane à Saba (*ville*). — Mon papa acheta pour Maria un lama à Lima. — Amable fera du tapage. = **2°** La lame lave le sable. — Le ratafia de Lazare est à la cave. — La cavalcade passa par la place. — La cataracte du Niagara est près du Canada.

4e LEÇON. — DE L'APOSTROPHE.

= § 1er : *Regarde* le *lama et* l'*âne* d'*Anna.*

Ce petit signe ' placé au haut d'une lettre s'appelle *apostrophe.*

4e Copie.

Écrivez : *Le* catalpa, et **l'acacia** (*et non le ac...*)
le tapage, et **l'érable** (*et non le ér...*)
la malade, et **l'image** (*et non la im...*)
la barque, et **l'yeuse** (*et non la ye...*)
le brave, et **l'osage** (*et non le os...*)
la glace, et **l'usage** (*et non le us...*)

Mes enfants, vous le savez : Les lettres **a**, **e**, **i** ou **y**, **o**, **u**, se nomment les **voyelles.**

Faire de nouveau distinguer et nommer les voyelles dans plusieurs mots.

Attention! **Devant une voyelle vous mettrez toujours l' (1) (au lieu de** *le*, **ou** *la*)

---

(1) L'apostrophe se place à côté de la lettre et vers le haut.

5e **Copie.** — **1°** Un *a*vare parla à **l'avare** Lazare. — Mon *a*mi sera **l'ami** de mon camarade Carle. — Regarde mon *a*cacia, et **l'acacia** qui est sur la place. — Ma vache marche vers son *é*table, **l'étable** qui est là. = **2°** Anna, voilà une *i*mage, c'est **l'image** de Sara. — Ah! un *o*sage se regarde dans ma glace, qui mena **l'osage** devant la glace? — Voilà un grave *u*léma, **l'uléma** de Marmara est grave aussi.

Remarquez, enfants, que : Quand on emploie l'apostrophe, l' est un mot; — et ce qui suit l' est un autre mot.

4e **Dictée.** — **1°** Je regarde le catalpa et **l'a**cacia, votre joli *a*cacia. — Un brave *a*ga, **l'aga** Ali-Maza, parla à **l'arabe** qui est là. — Un *é*rable est un *a*rbre; **l'arbre** que voilà est **l'érable**. = **2°** Anna déchira son *i*mage et **l'image** de Sara. — Un *o*rage éclate! **L'orage** fera du ravage. — Lazare rase la plage, c'est son *u*sage; c'est aussi **l'usage** de Carle.

---

§ II, *ou :* **C'***est* **d'A***nna* **qu'A***mable parla.*

Écoutez bien : **Devant une lettre voyelle vous mettrez toujours d', j', m', t', s', c', qu', n', (au lieu de :** *de, je, me, te, se, ce, que, ne*).

6e **Copie.** — **1°** **C'est** Clara qui **s'admira** dans la glace. — Amable, est-ce ton papa qui **t'amena** **d'Amérique** le lama que voilà? — Qui dira **qu'A**mable **n'est** pas sage? = **2°** Ceci, **c'est** un vase **d'albâtre**, non **d'agate**, **qu'Anastase** **m'acheta** à

Batavia. — Lorsque je parle du ravage que fera l'orage, je **m'a**larme et **j'a**larme Lazare.

7e **Copie. — 1°** Anastase **n'i**ra pas à Panama, **c'est** l'avare Barbe qui ira. — Sara, **j'a**gace le lama **qu'A**mable **t'a**mena. — **J'a**dmire le platane, **l'é**rable et **l'a**cacia **qu'A**nica plaça là. = **2°** Est-ce que le bavardage, le tapage, le vacarme **d'A**mable **t'a**musa? Est-ce **qu'A**nastase **s'a**musa ici? Qui **m'a**mena un camarade aussi diable?

Rappelez-vous bien ceci : **L'apostrophe est toujours entre deux mots.**

5e **Dictée. — 1°** Lazare admira **l'a**cacia **d'A**mable, il **m'a**musa. — Qui **t'a**mena la vaste barque de **l'a**rtiste? — Sara **n'i**ra pas à Mascate avec l'arabe de Sana. = **2°** Anna ne **s'a**muse **qu'a**vec Clara. — **J'a**dmire avec Carle la cataracte du Niagara. — On dira **qu'A**nastase bavarde. — **J'a**vale ta patate, Maria. — **C'**est là l'âne **d'A**nna.

5e LEÇON. — DU PLURIEL.

= *Anastase a un baba, deux baba***s**.

Enfants, retenez bien ceci : **Quand un mot fait penser à plusieurs personnes, à plusieurs animaux, ou à plusieurs choses, on dit qu'il est au pluriel.**

On met généralement un S à la fin des mots pluriels.

8e **Copie. — 1°** Clara ramena d'Amérique un

lama, et Sara deux *lamas*. — Qui plaça le casque d'Anastase parmi ces *casques* ? — Où est la carpe qu'Amable acheta ? Dans la barque, avec les *carpes* d'Anna. = 2° Mon ami Carle avala les *bananes* et les *crabes* d'Amable. — Ali est né dans la caste des *brames*, et non pas parmi les *parias*. — Regarde près de la plage les *Arabes*, les *caravanes*.

1er Thème.

Copier le mot qui ne désigne qu'une personne, qu'un animal ou qu'une chose ; — puis immédiatement : Ecrire en face et en entier le même mot, mais désignant plusieurs personnes, plusieurs animaux, etc., etc. — *Nous ne reviendrons point sur cet avis.*

Le fiacre,	les f—.	(Finir le mot commencé, et penser à mettre un *s* à la fin.)
L'alpaga,	les a—.	
L'âne,	les â—.	
Le platane,	les p—.	
L'ami,	les a—.	

6e **Dictée.** — **1°** Madame Labare acheta une cage pour Clara, et deux *cages* pour Maria. — Lazare plaça dans le fiacre d'Anastase vos deux *vases* d'albâtre. — Barbe lava les *raves* et la salade qu'Amable a là. = 2° Dans les *parages* d'Ipsara ou de Marmara, mon papa parla à deux braves *agas*. — Qui se régalera de ces *crabes* et de ces *patates* ? — Maria admira des *cataractes* près du Canada.

6e LEÇON. — E MUET.

= *Amable releva sa chevelure.*

9e **Copie.** — **1°** Amable ne vous menacera

plus. — Papa sema là de la salade de mâches. — Carle releva la cavale d'Anastase, n'est-ce pas? — Ah! vous voilà revenu de la promenade? = 2° Que de vase sur ces rivages! — Je regarde les brebis de madame Clare qu'Amable nous amena. — Papa m'acheta une capote de peluche. — La chevelure d'Anna est admirable.

2e Thème. La chevelure,	les ch—.
Le revenu,	les r—.
Une menace,	des m—.
Une remarque,	deux r—.
La pelure,	les p—.

Comme vous le voyez, enfants, dans releva, chevelure, *etc.*, l'e est généralement employé pour peindre l'*e* muet.

7e **Dictée.** — 1° La chevelure de madame Lemare est remarquable. — Carle est revenu du Canada. — Qui pela ce platane? — Sara releva les deux petites pelotes d'Amable. = 2° Barbe se leva de table avant son papa; elle ne le fera plus, n'est-ce pas? — Un avare releva des pelures qu'Anastase jeta, **E**t il d**É**vora c**E**s * pelures; il **E**st * devenu bl**Ê**me *.

(*) *Remarquez, enfants, que :* dans : et, dévora, ces; — dans est, blême, — le caractère E se prononce autrement que dans le mot pelures.

7e LEÇON. — E SONORE.

= *En* vérité, *papa a* été sévère *pour lui-même comme pour* E*rnestine.*

Dans : *Amable releva sa chevelure*, le caractère **e** se prononce *e* ou ne se prononce pas du tout; — mais quelquefois ce caractère **e** doit se prononcer *é*, *è* ou *ê*, comme vous l'avez vu dans : **e**t il d**é**vora c**e**s pelures; il **e**st devenu bl**ê**me.

Lorsque l'*e* se prononce peu fortement, ou ne se fait pas entendre du tout, on l'appelle **e muet.**

Exercice. — Faire remarquer et nommer les *e* muets de la sixième leçon.

Très-souvent l'*e* se prononce assez fortement, l'e est **sonore** enfin, comme on le voit dans **e**t, d**é**vora, c**e**s, etc. — et dans la phrase : En v**é**rit**é**, papa a **été** s**é**v**è**re, etc.

Le plus souvent on met sur l'*e* qui doit être sonore un petit signe que l'on appelle **accent.**

§ 1er. — DES ACCENTS.

Attention! mes petits amis : On emploie en français trois accents différents : ´, — `, — ^.

1° Il y a un accent qu'on trace en allant de droite à gauche ´ . Ex. : La s**é**v**é**rit**é** de F**é**licit**é**.

2° *L'accent qui va de droite à gauche s'appelle* **accent aigu.**

Nota. — *Le § II et le § III de cette 7e leçon seront placés avant la dixième leçon et avant la onzième, pages 17 et 18.*

8e LEÇON. — DE L'É SURMONTÉ D'UN ACCENT AIGU (é *fermé*), ou :

= *Aglaé, l'été est passé.*

10e Copie.

Exiger que l'enfant distingue et nomme tous les *accents aigus.*

1° Félicité a révélé la vérité. — Qui a déplacé le canapé écarlate de madame Léna? — Mon papa a de la célébrité, et il est révéré. — Le café est agréable. = 2° Barnabé a cassé deux épis de blé l'été passé. — Ma Fatmé a déplacé tes deux résédas, cela m'a récréé. — Le blé qu'Aglaé a semé a dégénéré.

Écoutez bien, mes enfants : L'é surmonté d'un accent aigu ´ se nomme é **fermé.**

3e Thème.

Un dé,	deux d—.
L'ébéniste,	deux é—.
La vérité,	les v—.
La clarté,	les c—.
L'érable,	les é—.

On peint en général le son *é* (*e* fermé) par un é, *comme vous le voyez dans* été passé, *etc.*; — *ajoutons :* On met toujours un *accent aigu* ´ sur l'*e* fermé qui est la dernière lettre de la syllabe. — (Le *s* qui marque le pluriel n'empêche pas l'emploi de l'accent.)

8e Dictée. — 1° La sévérité d'Aglaé a été sage. — Barnabé a semé du sénevé et des céréales. — Mon réséda a été déplacé. = 2° La vérité est qu'Émile a dévoré deux pâtés. — Félicité a récréé Maria. — Noé a été préservé lors du Déluge. — René ne dira jamais des vérités désagréables.

NOTA. — *Il faut n'enseigner à un enfant très-jeune que le nom d'un seul accent dans une leçon, — et même :*

Lorsque l'enfant sait nommer parfaitement l'accent aigu, il faut, avant de lui en faire connaître un autre, lui faire étudier non-seulement la neuvième leçon, mais encore la quatorzième leçon, son i, page 22. — Il reviendra ensuite au § II de la 7e leçon, et à la 10e leçon, page 17.

9e LEÇON. — DE L'É (*fermé*) ÉCRIT PAR EZ.

= *Vous direz toujours la vérité.*

11e Copie. — 1° Si vous marchez dans ce pré, vous salirez vos bas, Émile. — Vous admirerez la démarche grave des lamas. — Carle, vous avez trop de témérité. — Félicité, vous casserez bien les avelines d'Anna. = **2°** Où placerez-vous cet érable? — N'avez-vous pas trop épicé ces pâtés, Sara? — Que regardez-vous, Amélia? les résédas d'Aglaé? — Avez-vous épelé? = **3°** (*vous*) Jouez à cache-cache. — (*vous*) Prenez le baba qu'Amable plaça là. — (*vous*) Ramenez toujours nos vaches dans leurs étables, mon ami René.

4e Thème.

1. Vous replacer**ez** ce panache, ces deux p—.
Vous vous pavan**ez** sur le canapé, sur les c—.
Vous réréver**ez** ce patriarche, ces deux p—.

5e Thème.

2. Regard**ez**-vous cette mascarade? ces deux m —?
Etamer**ez**-vous cette glace? ces trois g—?
Admir**ez**-vous cette cascade? ces trois c—?

6e Thème.

3. (*vous*) Ram**ez** vers l'arche, vers les a—.
(*vous*) Parl**ez** de la débâcle, des d—.
(*vous*) Achet**ez** ce blé, ces b—.

Direz *ou* **marchez**, *etc., doit servir à vous rappeler que :* Le mot qui se joint au mot *vous* finit très-souvent par ez.

9e **Dictée.** — **1°** Vous glanerez dans mes blés. — Vous avalerez cette tasse de café. — Vous vous parerez de ces falbalas, Élisa. — Évariste, vous direz toujours des vérités agréables. = **2°** Amable, vous promenez-vous dans l'été? — N'admirez-vous pas mes acacias? — Parlerez-vous à Félicité de la félicité d'Anna? = **3°** Émile, (*vous*) levez-vous, (*vous*) placez là mes deux réSédas, puis (*vous*) admirez mes érables et mes catalpas. — Mon ami, (*vous*) saluez ces dames.

---

§ II de la 7e leçon. Papa a été sévère pour...

1° Il y a un accent que l'on trace en allant de gauche à droite ` . Ex. : La chère nièce d'Adèle.

2° *L'accent qui va de gauche à droite s'appelle* **accent grave.**

10e LEÇON. — DE L'È SURMONTÉ D'UN ACCENT GRAVE (e *ouvert*), *ou :*

= È*ve est notre première mère.*

12° Copie.

Exiger que l'enfant distingue et nomme tous les *accents graves.*

1° Ma chère Anna, vous ne serez ni fière ni altière. — Ici, Fidèle, (*vous*) ramassez ces deux lièvres. — Adèle, vous lèverez-vous la première? — Vous mènerez les chèvres dans nos prés. =

2° Mon père ne sera pas sévère. — Que madame Lefèvre a les lèvres malades! — On fera des prières pour Geneviève. — (*vous*) N'écrasez pas mes primevères! — (*vous*) Admirez ce diadème! — Arsène est célèbre.

Attention! L'è surmonté d'un accent grave se nomme e **ouvert**

7e Thème.	Une patère,	trois p—.
	Une chèvre,	trois ch—.
	Le nègre,	deux n—.
	La tabatière,	les t—.
	L'épicière,	les é—.

On peint souvent le son *è* (*e* ouvert) par un è, *ainsi que vous le voyez dans* Ève, mère, *etc.*, *etc.*; —*ajoutons :* On met toujours un *accent grave* ` sur l'*e* ouvert qui est la dernière lettre de la syllabe.

10e Dictée. — **1°** La fière, l'altière Arsène se pavana à Genève. — Mon ami Lefèvre a la fièvre. — La salade d'Adèle est sèche et amère. — Valère, vous parlerez à René de mes deux nègres fidèles. = **2°** Le fidèle Fidèle a gardé les lièvres et la crème de ma mère. — On sème le trèfle dans les prés. — Que ma nièce Geneviève a de grâce et de légèreté! — Ève, notre première mère, pécha.

NOTA.— *Lorsque l'élève saura parfaitement reconnaître et nommer l'accent grave, il faudra lui faire étudier la quinzième leçon, son* o, — *avant de lui faire voir la onzième, ou même le* § *III de la 7e leçon, placé ci-dessous.*

---

§ III de la 7e leçon. Papa a été sévère pour lui-même.

1° Il y a un accent qui est formé de la réunion

de l'accent aigu ´ et de l'accent grave ` ; il a la forme d'un toit en pointe, d'un petit chapeau ^ .
Ex. : La bête. — La même fenêtre. — La grêle.

2° *L'accent qui forme un petit toit se nomme* **accent circonflexe.**

11e LEÇON. — DE L'Ê SURMONTÉ D'UN ACCENT CIRCONFLEXE (e *très-ouvert*).

= *Ce prêtre prêcha dans le Carême.*

13e Copie.

Exiger que l'enfant distingue et nomme tous les *accents circonflexes.*

1° (*vous*) Prenez votre bêche, et (*vous*) bêchez vous-même près des frênes et des chênes que voilà. — Gare la tête, Anna ! — Qui place pêle-mêle des pêches et des nèfles ? — Cela est bête. = 2° Est-ce l'évêque ou l'archevêque qui prêchera dans ce Carême? Non, c'est un prêtre. — Barnabé, vous laverez les fenêtres de ma mère. — Maria, vous agissez (1) trop sans gêne avec Ernestine (1).

L'ê surmonté d'un accent circonflexe (^) se nomme **e très-ouvert.**

8e Thème. Le pêne (de la serrure), trois p—.
L'être, les ê—.
L'évêque, les é—.
L'archevêque, les a—.
Un frêne, quatre f—.

---

(1) Voyez la note de la page 20.

Comme vous le voyez dans même, prêtre, Carême, *etc.* : On peint très-souvent le son ê (*e* très-ouvert) par un ê ; — *ajoutons* : On met un *accent circonflexe* ^ sur l'*e* très-ouvert, qui est la dernière lettre de la syllabe.

11e **Dictée.** — 1° Qu'Anna est donc blême et grêle ! — Mon papa m'acheta lui-même cette bêche. — (*vous*) Placez ici ces trois pêches. — Dépêchez-vous. — Pour Félicité, un gala est la félicité suprême. = 2° L'évêque est plus que le prêtre, l'archevêque est plus que l'évêque. — Je répète deux superbes (1) fables pour la fête de papa. — La grêle a cassé l'acacia d'Albertine (1).

12e LEÇON.

RÉCAPITULATION DES EXERCICES SUR LES ACCENTS.

NOTA. — *Désormais l'élève devra* toujours, *en épelant, désigner l'accent par son surnom de* aigu, grave *ou* circonflexe.

14e **Copie.** — 1° Le blé est une céréale, Félicité. — La nièce d'Adèle est altière. — Le même prêtre prêchera tout le Carême. — Cécile élève elle-même ses deux chèvres. = 2° Révère ton père et ta mère, ma Célina. — Ma mère a acheté deux pâtés de lièvre. — Notre évêque a visité son archevêque. — Que cet épi de blé est frêle, mon père ! — Mon René épèle bien déjà.

12e **Dictée.** — 1° Que préférez-vous, Arsène, être propre ou être sale ? — Si vous préférez être propre, il est utile qu'Adèle vous lave le

(1) Remarquez, enfants, que l'*e* sonore est écrit sans accent dans *agissez*, dans *Ernestine*, à la 13e copie ; — dans *superbe, etc., etc.*

visage. — **É**lisa a passé à gué la petite rivière de Bièvre. = **2°** **É**milia a la fièvre et un érésipèle, qu'elle est blême! — La Grèce est très-célèbre. — René a cassé lui-même ses deux flèches. — Qui répètera une fable? — Le péché d'**È**ve nous a été funeste.

13e **Dictée.** — **1°** Le pape lui-même a placé le diadème sur la tête de Napoléon Ier. — Adèle, je révère ta mère. — Arsène a cassé un pêne. — Bébé, qui lèche ma crème, a avalé des arêtes. — Le cèdre élève sa tête altière. — **2°** On a placé pêle-mêle des érables, des chênes, des frênes. — La grêle a brisé les vitres des fenêtres d'Adèle et d'Aglaé. — Qui a déraciné mes primevères et cassé ce pétale d'anémone, Valère? — Céline a été la première.

13e LEÇON.—DE L'E SONORE SANS ACCENT, *ou* :

= *Ernestine versera des larmes.*

15e **Copie.** — **1°** Ernestine a perdu l'arme de son frère Septime, elle verse des larmes. — Voilà des perles superbes, mon cher **E**dme! — Mercredi, l'alerte, le leste Célestin escalada ce tertre. = **2°** Le lièvre a des vertèbres, mais l'écrevisse est sans vertèbres. — La bergère ramène à la ferme les moutons et les chèvres. — **E**dme, le miel de Célestine est délectable!

Vous voyez, mes petits amis, que : **L'e sonore** n'est pas toujours surmonté d'un accent.

9e Thème.	La veste,	deux v—.
	L'averse,	les a—
	L'escadre,	trois e—.
	Le reste,	les r—.
	Un reptile,	quatre r—.

Les mots Ernestine, versera, *etc., doivent vous rappeler que :* En général, l'*e* sonore ne prend pas l'accent lorsqu'il ne termine pas la syllabe.

14e Dictée. — **1°** Qui lia en gerbes le blé d'**E**dme? — Notre fermière a une superbe ferme; des vaches, des chèvres, des canes, etc. — Céleste vous a versé de la crème, remerciez-la. — Cette nèfle est détestable! = **2°** La peste a décimé tout l'équipage de mon escadre. = Robertine sema du trèfle et du blé de deux espèces. — Il *y* (1) a des nègres esclaves. — Montez au belvédère que vous voyez sur ce tertre, il est très (*)-élevé.

(*) Lorsqu'à la fin d'un mot l'*e* sonore est suivi seulement d'un *s* il prend un accent, quoiqu'il ne termine pas la syllabe (exceptions : *les, des, mes, tes, ses* et *ces*).

14e LEÇON. — I, *ou :*

= **I**mi*te ton père et ta mère,* **M***i*m**i**.

16e Copie. — **1°** Bibi, il est midi et demi, (*vous*) venez lire. — Firmine a la mine rébarbative, elle est acariâtre. — Gui respira près de la

(1) *Vous le voyez :* Lorsque le son **i** forme à lui seul un mot, on l'écrit par **y**.

rivière des miasmes putrides. — Cécile ira dans le Chili. = 2° Ma fidèle Zémire a suivi Samedi deux lièvres à la piste. — (*vous*) Imitez l'active fourmi. — Adeline te dira qu'Aline est câline. — Il y a ici des balsamines et des camélias superbes.

10° Thème. Une praline, quatre p—.
Une pistache, cinq p—.
Une zibeline, cinq z—.
L'amitié, les a—.
L'inimitié, les i—.

Comme vous le voyez dans imite, Mimi, Bibi, *etc.* : On emploie le plus généralement un i pour peindre le son *i*.

15e Dictée. — 1° Il y a des images dans la Bible de Sabine. — Le caniche est fidèle, sa fidélité est admirable. — Qui dira qu'Élise a de l'activité? — Lise, (*vous*) dépliez le châle d'Albine. = 2° Avec le litre, l'épicière mesure les matières sèches; la farine, les fèves, etc., et les liquides. — Émilia, (*vous*) imitez ce délié. — Lia est la mère de Lévi.

15e LEÇON. — O, *ou* :

= *Le Monomotapa est dans l'Afrique.*

17e Copie. — 1° Forme et réforme ton caractère, Isidore. — Ah! comme mon cabri cabriole! — Caroline, (*vous*) regardez dans ma volière ces deux jolis colibris. — La balsamine est inodore, Léopoldine. = 2° Clotilde, (*vous*) dînez ici, avec Jérôme et Rosalba; voilà du potage, des olives, des tomates, des soles frites, un rôti, du macaroni, du fromage de chèvre, une brioche et des pêches.

15e Thème. Une **lo**c**o**m**o**tive, trois l—.
Un cr**o**c**o**dile, quatre c—.
L'**o**m**o**plate, les **o**—.
Une pr**o**priété, quatre p—.
Une pi**o**che, cinq p—.

Comme vous le voyez dans Monomotapa, *etc.* : On emploie très-souvent un **o** pour peindre le son *o*.

16e **Dictée.** — 1° **O**nésime, vous remarquerez les petites **co**rnes de la girafe. — Léo**po**ldine, la lo**ge** de la **po**rtière est sous la **po**rte **co**chère. — Les **jo**lis **so**fas ! — L'**o**rage a brisé deux chênes. = 2° **R**osa, (*vous*) versez ce caca**o** dans la ch**o**c**o**latière de **N**oémi. — Un v**o**latile est une bête qui v**o**le. — Zoé, voilà de **jo**lis v**o**latiles dans ces b**o**cages ! — (*vous*) **O**tez d'ici ces fi**o**les et toutes ces babi**o**les, Léonide.

16e LEÇON. — U, *ou* :

= **U***rsule ne* **mu***r***mu***rera pas.*

18e **Copie.** — 1° L'âne est **u**ne créat**u**re fort **u**tile. — Ma mère préfère toujours l'**u**tile à l'agréable. — Que de cap**u**cines **s**ur la salade de Gertr**u**de ! — La patate est-elle un t**u**berc**u**le ? = 2° Br**u**no f**u**ira le r**u**stique et ridic**u**le R**u**stique. — G**u**stave, regardez ce n**u**age, il crèvera bientôt. — Mangez cette m**û**re, **U**rs**u**le, elle est bien mûre. — Que préférez-vous, les mûres rouges ou les mûres blanches?

12e Thème. La **ju**j**u**be, quatre j—.
Un n**u**age, cinq n—.
L'**u**niforme, les **u**—.
Une **u**rne, cinq **u**—.
Le pât**u**rage, les p—.

Comme on le voit dans Ursule, murmurera, *etc.* : Presque toujours on emploie un **u** pour peindre le son *u.*

17e **Dictée.** — 1° Clio est **u**ne m**u**se. — La l**u**ne se lève, elle a l**u**i, ma chère Gertr**u**de. — S**u**ivez toujours les préceptes de la vert**u**. — Le m**u**rm**u**re des cascades m'am**u**se. = 2° Le c**u**ivre rel**u**ira dans les c**u**isines de **Ju**stine et d'**U**rs**u**le. — R**u**stique a f**u**i d**u** côté de ces r**u**ines. — Le s**u**icide est **u**n crime. — Les vertèbres, c'est la s**u**ite des os qui forme l'épine dorsale.

17e LEÇON. — **AN** *ou :*

= *F***an***f***an** *d***an***sa le f***an***d***an***go.*

19e **Copie.** — 1° **An**gélique, le Musulm**an** porte le turb**an**. — L'**an**tilope a des cornes, qu'elle est légère! — **An**selme a ébr**an**ché les arbres de mes deux t**an**tes. — La frugalité procure une s**an**té robuste. = 2° On cultive le safr**an** dans le midi de la Fr**an**ce. — Erm**an**ce est un **an**ge, mam**an** ch**an**te toujours ses lou**an**ges. — L'ami**an**te est une subst**an**ce minérale.

Attention, mes petits amis!

Tout mot qui fait penser à une PERSONNE ou à des personnes, — à un ANIMAL ou à des animaux, — à une CHOSE ou à des choses, se nomme mot SUBSTANTIF.

NOTA.—*Il faut faire indiquer verbalement au petit élève quels sont les mots* substantifs *dans le thème et dans la dictée qui suivent cette explication.*

13e Thème. Un m**an**che, cinq m—.
Une m**an**che, six m—.
L'él**an**, les é—.
Un pélic**an**, les p—.
L'or**an**ge, six o—.

Comme on le voit dans Fanfan, dansa, *etc.* : On emploie souvent les caractères a n pour peindre le son *an*.

18e **Dictée.** — **1°** Le Ramad**an** est le Carême des Musulm**an**s. — Iv**an**, la salam**an**dre n'est pas un reptile. — Le chêne à liége se cultive dans les L**an**des, au midi de la Fr**an**ce. = **2°** **An**dré, (*vous*) voyez ici une petite île. — Erm**an**ce, il y a des îles très-gr**an**des dans l'Océ**an**. — Zizi a m**an**gé toute la vi**an**de de Fr**an**cine, la fri**an**de qu'elle est! — (*vous*) Méritez toujours nos lou**an**ges par votre obéiss**an**ce.

18e LEÇON. — IN, *ou* :

= *Firm**in** a deux s**in**ges mal**in**s.*

NOTA. — *Dans les copies qui vont suivre, et jusqu'à la 38e, on fera mettre un* s *sous chaque substantif; — nous ne reviendrons pas sur cet avis.*

20e **Copie.** — **1°** Alb**in**, vous ne ferez jamais de chagr**in** à votre petite maman. — Je vous prête ce coin de mon jardin, Victorin; cultivez-y le chanvre et le lin. — Tire ta carabine, Martin : pan! voilà un lapin de tué! = 2° L'insecte n'a pas de vertèbres, Justin. — Le foin se fane à la fin de Juin. — Le requin est vorace. — La Cochinchine est loin du golfe de Finlande. — Ah! la pointe de votre épingle me pique!

14e Thème.	Un fantassin,	six f—.
	Un groin,	sept g—.
	Une pince,	sept p—.
	Le besoin,	les b—.
	La pointe,	les p—.

Comme vous le voyez dans Firmin, singes, *etc.* : On emploie très-souvent les caractères **i n** pour peindre le son *in.*

19e **Dictée.** — 1° (*vous*) Savez-vous, Bernardin, que le capucin porte la sandale? — (*vous*) Venez au Jardin-des-Plantes, vous y admirerez des pins et des sapins superbes. — Victorin, avez-vous des serins, des lapins, des singes? = 2° Lubin n'est plus malade, il n'a pas le moindre besoin de soin. — Le quinze de Juin est passé, fanez vos foins. — Martin, vous en avez été témoin, notre vin a suinté ici.

19e LEÇON. — ON, *ou :*

= *Mon oncle Léon, mangez ce bonbon.*

21e **Copie.** — 1° Le bonbon de Siméon est-il bon? — Le lion a rugi. — Pantaléon, qu'est-ce que Robinson a de pointu sur la tête? — La chevelure d'Absal**on** a été sa ruine. = **2°** C**on**stantin, visiterez-vous avec Gast**on** nos filatures de lin, de chanvre et de cot**on**? — Cette petite épingle est un cami**on**. — L'amiante brûle, et ne se c**on**sume pas.

15e Thème.	Une porti**on**,	six p—.
	Un caméléo**n**,	sept c—.
	Un potir**on**,	huit p—.
	L'ép**on**ge,	les é—.
	L'éper**on**,	les é—.

Ainsi qu'on le voit dans mon oncle Léon, *etc.* : On emploie presque toujours les caractères **o n** pour peindre le son *on*.

20e **Dictée.** — **1°** Sim**on**, soyez b**on**, comme votre Père céleste est b**on**. — Que C**on**stantine est bl**on**de! — Dévide t**on** cot**on** sur mes bobines. — La n**on**chalance est fort blâmable, Siméo**n**. = **2°** Gast**on** mangera du dind**on** rôti, des c**on**fitures, et tous les b**on**s b**on**b**on**s qu'Anastase a là. — Lé**on** a vu dans l'île d'Olér**on** deux superbes li**on**s d'Afrique.

20e LEÇON. — **UN**, *ou* :

= *L***un***di ch*a*c***un** *de nous visita* **un** *trib***un**.

22e **Copie.** — **1° Un** coch**on** br**un** a blanchi son groin dans le son et dans la farine de Lubin. — Madame Lebr**un**, voulez-vous de l'al**un** de Rome ou de l'al**un** calciné? = **2°** (*vous*) Parlez à chac**un** de sa santé. — Mon oncle, partirez-vous pour la Suède, pour Fal**un**, Dimanche, ou

Lundi matin? — Anastase, regarde dans mes gravures ces deux tribu**ns** vêtus de br**un**.

16e Thème. Un **Lundi**, sept L—.
Un trib**un**, huit t—.
Le br**un**, les b—.

Ainsi qu'on le voit dans **Lundi, chacun**, *etc. :* On emploie presque toujours les caractères **u n** pour peindre le son *un*.

21e Dictée. — **1°** La déf**un**te Constance nous conta l'an passé une admirable anecdote sur deux sévères trib**uns** de Rome. — Chac**un** admira **un** joli insecte d'**un** br**un** orangé. = **2°** Ici, Gustave, **un** malade a besoin d'al**un**. — Mon ami, si vous prisez du pét**un** comme Constantin, chac**un** vous blâmera. — Mel**un** n'est pas loin d'ici.

21e LEÇON. — **OU**, *ou* :

= *Ah! le joli* **jou***j***ou**, **Lou***ise!*

23e Copie. — **1°** Éc**ou**te t**ou**j**ou**rs ta mère! — Ne tuez pas les m**ou**ches. — N'**ou**bliez jamais l'invisible Témoin. — L'amad**ou** de S**ou**lange est bon. — Le saj**ou** **ou** sapaj**ou** est un singe d'Amérique. = **2°** Ah! le joli bij**ou**! — L**ou**ison, si v**ou**s recevez deux s**ou**s, puis un s**ou**, v**ou**s possèderez?... — La f**ou**ine est carnassière. — Mon caniche m'est dév**ou**é. — Posez ces cl**ou**s. L'**ou**vrière a-t-elle **ou**até mes robes? **Oui**.

17e Thème. Un g**ou**jon, sept g—.
Une pel**ou**se, huit p—.

L'av**oué**,	les a—.
L'**ou**ragan,	les **ou**—.
Un mars**oui**n,	huit m—.

Ainsi qu'on le voit dans **joujou, Louise,** *etc.* **:** On emploie le plus souvent les caractères **o u** pour peindre le son *ou.*

22e **Dictée.** — **1°** Ouvre ta bouche, Louise, voilà une praline. — Le mouton bêle, la poule glousse, le dindon glougloute. — La tulipe pourpre s'épanouira. — Retirez-vous du goudron de vos pins? **Oui.** = **2°** La ouate se fabrique avec du coton. — Maclou, bouchez ces trous! — Portez à Louise sa semoule dans une soucoupe. — Le chanvre de Louison rouira dans ces rus. — Un bédouin est un arabe nomade.

22e LEÇON. — OI, *ou :*

= *Éloi, voilà de la toile pour toi.*

24e **Copie.** — **1°** Ma poule noire a gloussé. — Voisin, vous ne pêcherez pas de poissons dans notre rivière! — L'amande des pêches est un poison. — Il y a douze mois dans un an. — Gustave Vasa a été roi de Suède. = **2°** Après la moisson, Louison fera de la toile fine avec ce lin; et avec ce chanvre, elle fera des toiles à voiles pour Antoine le marin. — Votre toiture est-elle en ardoises ou en tuiles, Magloire?

18e Thème.

Le p**oi**son,	les p—.
Un p**oi**sson,	huit p—.
La m**oi**sson,	les m—.

L'**oi**son,	les **oi**—.
Une **boî**te,	neuf b—.

Comme vous le voyez dans **voilà, toile,** *etc.* **:** On emploie le plus souvent les caractères **o i** pour peindre le son (double) *oa.*

23e Dictée. — **1°** La vertu procure la véritable **gloire**. — Il y a des **poisons** sans remède. — Le **marsouin** n'est pas un **poisson**, c'est un cétacé. = **2°** Que le **poivre** est désagréable ! — Bijou a mangé la **moitié** de ma **poitrine** de mouton ! — Coupez cette **toison**, Sidoine. — **Éloi** m'achètera des **poissons** rouges. — La nuque des sapajous d'**Antoine** est **noire**.

23e LEÇON. — **EU**, *ou :*

= **Eu***gène, vous jouez avec le f***eu***?*

25e **Copie.** — **1°** Le bon **Dieu** vous bénira si vous le priez chaque matin. — L'indigo procure un **bleu** superbe. — **Eu**sèbe, (*vous*) cachez ce **pieu** dans un coin. — **Adieu**, ma tante. **Adieu**, mon **neveu**, à **Jeudi**. = **2°** Dans la Grèce (en **Eu**rope), on adora le **dieu** Saturne, le **dieu** Pan, et même les méchantes **Eu**ménides. — C'est **Dieu** qui a créé toutes les plantes, toutes les bêtes, etc. — La vache **beu**gle.

19e Thème.

L'**eu**cologe,	neuf **eu**—.
Le nuage bl**eu**,	quatre n—b—.
Une tubér**eu**se,	neuf t—.
La curi**eu**se,	les c—.

Comme vous le voyez dans Eugène, **feu,** *etc.* **:** On emploie très-souvent les caractères **e u** pour peindre le son *eu.*

24e **Dictée.** — **1°** **Dieu** créa le monde par sa

parole. — Louise a dans son armoire deux châles **bleus**, et deux robes d'un joli **bleu** de roi. — On fabrique en **Europe** des bas **feutrés** pour les marins. = 2° Le **feu** est répandu dans toute la nature. — Ah ! toute la meule de foin d'**Eustache** qui est en **feu** ! — **Eugénia**, ne vous montrez pas vaniteuse. — **Eugène**, le bon **Dieu** a soin de nous et de toutes ses créatures.

24e LEÇON. — EUX, *ou :*

= *Vous ferez vos adieux à ces lieux.*

Mes enfants : **Quand le mot terminé en eu désignera plusieurs êtres ou plusieurs choses, vous mettrez à la fin un X (au lieu d'un *s*).**

20e Thème.	L'essieu,	deux e—.
	Un pieu,	neuf p—.
	Un jeu,	quatre j—.
	Un cheveu,	quatre ch—.
	Un dieu (de la Fable),	cinq d—.

26e **Copie.** — 1° Eugénia, vous brûlez vos **cheveux**. — Meunière, avez-vous soin de moudre l'avoine de mes **neveux** ? — Admirez les courses et les **jeux** de Moustache. = 2° Antoine, portez ces quatre **pieux** dans le lieu que je montre là, puis vous nous ferez vos **adieux**. — Vous ne rétracterez pas vos **aveux**.

21e Thème.	Le feu,	les f—.
	L'aveu,	les a—.

L'adi**eu**,	les a—.
Le li**eu**,	les l—.
Un épi**eu**,	dix é—.

25e Dictée. — **1°** Eutrope, (*vous*) ôtez à vos nev**eux** ces trois j**eux** de cartes. — En Grèce, on adora des multitudes de di**eux**; il n'y a qu'un Dieu véritable, c'est le bon Dieu qu'on adore dans ces li**eux**. = **2°** Eugène, pour votre chasse, servez-vous de mes épi**eux**. — Venez, Constantin, que je lave vos chev**eux** et votre petite tête. — Que j'admire les f**eux** d'artifice !

25e LEÇON. — Y, SON DE i i, § 1er, *ou* :

= *La Savoyarde bruyante chanta.*

27e Copie. — **1°** Dans le Déluge, Dieu no**y**a toutes les créatures coupables. — Bon vo**y**age, Aglaé ! — La petite moustache qu'Eugène a sous la lèvre est une ro**y**ale. = **2°** Votre bouledogue abo**y**a après moi. — Eusèbe, le mo**y**eu de cette voiture est là, et voici les mo**y**eux des deux nôtres. — La popeline qu'Anna me montra est fort so**y**euse. — Cette bru**y**ère rose est charmante.

22e Thème.

Un no**y**é,	dix n—.
Une vo**y**ageuse,	quatre v—.
Un mo**y**eu,	dix m—.
Un gru**y**ère,	neuf g—.
La bru**y**ère,	les b—.

Comme vous le voyez dans joyeuse, Savoyarde, *etc.* (qu'on prononce joi-ieuse, savoi-iarde, *etc.*) :

Le son de deux i se peint généralement par *y*.

26ᵉ **Dictée.** — **1°** (*vous*) Écoutez la joyeuse fanfare ! elle célèbre la victoire de mes neveux ! — Avez-vous voyagé en Belgique? — Voyez, Octave, les charmantes bruyères roses. = **2°** Le chêne a déployé en ces lieux son superbe branchage. — (*vous*) Mangez de ce gruyère, Martin. — Louison, la savoyarde, se réjouira dans son voyage. — Léonide a des cheveux très-soyeux.

Y, SON DE I I, *suite.* — § II de la 25ᵉ leçon, *ou :*

= *Sa chanson nous égaya.*

28ᵉ **Copie.** — **1°** Dès l'âge d'un an, Célestine bégaya : Papa, maman, dodo ! — Le zèbre est une sorte d'âne rayé. — Voici votre ardoise et un crayon, (*vous*) écrivez. = **2°** (*vous*) Placez votre fromage sur un clayon, et ayez-en soin. — (*vous*) Otez d'ici toutes ces balayures, Justine. — Ah ! le malin paysan qu'Eustache !

23ᵉ Thème.	Un rayon,	neuf r—.
	Un sayon,	dix s—.
	La balayeuse,	les b—.
	Le paysage,	dix p—.
	La rayure,	les r—.

Comme vous le voyez dans égaya, rayon, *etc.* :
On emploie le plus souvent **ayon, ayé, ayeu, ay, ayu,** pour peindre les sons *ai-ion, ai-ié, ai-ieu, ai-i, ai-iu,* etc.

27ᵉ **Dictée.** — **1°** Votre crayon est-il bon, Louise? (*vous*) rayez quatre ou cinq pages d'écriture. — Je trouve charmantes les rayures de ce satin; il a été acheté à la Balayeuse, et c'est

ma tante qui l'a **payé**. = **2°** (*vous*) Admirez ce **rayon** de lumière sur notre joli **paysage** ! — Vous trouverez de jolis contes dans votre livre, **ayez**-en soin. — Si vous devez quelque chose, (*vous*) **payez**-le tout de suite.

SUPPLÉMENT A LA PREMIÈRE SECTION.

26e LEÇON. — AM, *ou :*

= **Am***broise a été* **am***puté Dimanche.*

29e **Copie.** — **1°** Qu'**Am**broise est donc in-**gam**be ! — Rosa est une **lam**bine, elle n'a encore **rayé** que deux pages. — On tire de l'**am**bre des **rivages** de la Baltique. — Vous ferez un délié devant chaque **jam**bage. = **2°** Sèmerez-vous des **cam**panules ? — F**lam**bez ce cachemire, il est venu des lieux pestiférés. — La clarté de la **lam**pe me fatigue. — Ah ! (*vous*) voyez, que de **lam**pions !

24e Thème.	L'**am**be,	les **am**—.
	Un l**am**bin,	dix l—.
	Un b**am**bou,	onze b—.
	Un l**am**piste,	onze l—.
	Une cr**am**pe,	deux c—.

Ainsi que vous le voyez dans Am**broise, am**puté, *etc.* :
On écrit le son *an* par **a m** avant un **b** ou un **p**.

28e **Dictée.** — **1°** La bécasse a les **jam**bes longues et grêles. — Dans votre voyage aux Indes avez-vous vu de ces énormes **bam**bous ? — (*vous*) Goûtez à ce **jam**bon. — Le reptile est une bête qui **ramp**e. = **2°** Si tu brûles de l'**amb**re, ma chère **Amb**roisine, tu parfu**m**eras ta cha**mb**re. — (*vous*) Jouez à cache-**tamp**on, **Amb**roise.— On fabrique les mèches des **lamp**es avec du coton.

27e LEÇON. — IM, *ou :*

= *Ce linge est* **imb***ibé d'une bière* **limp***ide.*

30e **Copie.** — **1°** Ambroise n'a pas de barbe, il est **imb**erbe. — Le midi de la France a été parcouru, et ravagé d'une manière **imp**itoyable, par les **Cimb**res et les Teutons venus de bien loin. = **2°** A qui la gu**imb**arde? — Eugène gr**imp**e toujours sur mes meules de foin, il est bien **imp**ortun. — Que l'onde est l**imp**ide ici! — Ambroisine, (*vous*) ne soyez jamais **imp**érieuse avec les domestiques.

25e Thème. Une t**imb**ale, onze t—.
Le br**imb**orion, dix b—.
Un s**imp**le, des s—.
Une s**imp**le gu**imp**e, douze g—.

Comme vous le voyez dans **imbibé, limpide,** *etc.* :
On écrit le son *in* par **i m** avant un **b** ou un **p**.

29e **Dictée.**— **1°** N'**imp**ortune jamais ton père! — Adèle, vous ferez une veste à l'arlequin d'André avec ces br**imb**orions. — Une petite savoyarde a joué de la gu**imb**arde dans ces lieux. — Méprise l'**imp**iété ! = **2°** Le toucan gr**imp**e aux branches, et le coucou y gr**imp**e aussi. — S**imp**lice, lorsqu'un infortuné **implorera** votre charité, (*vous*) secourez-le; ne soyez jamais **impitoyable**. — Le crétin est presque **imbécile**.

28e LEÇON. — **OM**, *on* :

= *Léon* **tomba** *près de votre p***ompe***.*

31e **Copie.** — **1°** Ma col**omb**e a gémi. — Écoutez, Col**omb**e, un n**omb**re est la réunion de plusieurs unités. — Tenez la rampe, Ambroise, ou vous t**omb**erez, et vous vous r**omp**rez les bras et les jambes. = **2°** Un siècle se c**omp**ose de cent ans. — Ah! cette mouche qui plonge sa petite tr**omp**e dans le calice de mes campanules! — On place les tr**omb**es au n**omb**re des météores.

26e Thème.

Une col**omb**e,	onze c—.
L'**omb**rage,	les **om**—.
Une p**omp**e,	douze p—.
Une c**omp**ote,	deux c—.
Un c**omp**atriote,	douze c—.

Ainsi qu'on le voit dans tomba, pompe, *etc.* :
On écrit le son *on* par **o m** avant un **b** ou un **p**.

30e **Dictée.** — **1°** Mon ami Simplice est t**omb**é dans ces lieux s**omb**res.— Dieu a créé un n**omb**re considérable de simples et de plantes médicinales. — La bouche de la mouche se termine par une petite tr**omp**e. = **2°** Ambroisine et Colombe, (*vous*) venez chez moi ; vous y mangerez du jambon, des **compotes**, des confitures et des meringues. — Chacun de nous se **trompe**. — Gare la **bombe** !

FIN DE LA PREMIÈRE SECTION.

DEUXIÈME SECTION

CONSONNES

PARTIE TRÈS-ÉLÉMENTAIRE

(*Voir* l'AVIS TRÈS-ESSENTIEL, page 6.)

DES CONSONNES

29e LEÇON. — LEÇON PRÉPARATOIRE.

Vous avez vu dans la première section que les voyelles sont **a, e, i** ou **y, o, u** : — et qu'on doit encore considérer comme de voyelles **é, è, ê**; — **an, in, on, un**; — **ou, oi, eu,** etc.

Attention! enfants : Les lettres qui ne sont pas des voyelles s'appellent **consonnes.**

Les consonnes sont :

b c d f g j k l m n p q r s t v w x z,— et souvent **h.**

On peut également considérer comme des consonnes **ch, gn, ill**; — et même **ph, rh, th.**

Vous le savez, enfants : 1° Une consonne et une voyelle forment une **syllabe** lorsqu'on doit les prononcer ensemble en épelant un mot : EXEMPLES : *La-pin, Al-bi-ne,* etc.

2° Plusieurs consonnes avec une voyelle forment également une syllabe toutes les fois qu'on doit les prononcer ensemble en épelant un mot : EXEMPLES : *Pli, cro*-co-di-le, es-*clan*-dre, *ef-froi,* etc.

3° Une voyelle forme à elle seule une syllabe

2.

lorsqu'on doit la prononcer seule en épelant un mot : EXEMPLES : *A*-mi, *é*-tui, *é*-crin, *o*-va-le, il *y a*.

Mais : 4° Une consonne ne forme jamais à elle seule une syllabe.

30e LEÇON. — B.

═ § Ier, *ou :* **B***arna***b***é tom***b***era de l'ar***b***re.*

32e **Copie.** — Le redouta**b**le **b**oa avale de grosses **b**êtes, dont il a **b**risé les os dans ses replis. — Am**b**roisine, (*vous*) coupez les cheveux **b**runs de **B**éatrice. — Vous avez o**b**ligé **B**asile, et vous avez o**b**tenu son amitié.

27e Thème. Un **b**ouledogue, onze **b**—.
Un **b**rin, douze **b**—.
Le **b**run, les **b**—.
Le **b**am**b**ou, treize **b**—.
Une **b**re**b**is (1), treize **b**—.

Vous le voyez dans Barnabé, tombera, *etc.* :
On emploie presque toujours un **b** pour peindre l'articulation *b* au commencement et au milieu des mots.

31e **Dictée.**— Soyez sage, le **b**on Dieu vous **b**énira. — La **b**ière est la **b**oisson favorite des **B**elges. — O**b**tenez-moi cette **b**ague d'am**b**re de la **B**altique. — Le **b**a**b**ouin est un des singes féroces.

---

(1) *Remarque.* — Le mot qui finit par un **s** lorsqu'il ne désigne qu'un seul être ou une seule chose s'écrit de la même manière orsqu'il en désigne plusieurs.

§ II de la 30e leçon, *ou : Barbe fera cuire ce crabe.*

33e **Copie.** — Ambroise, voyez-vous ces nuages sombres? fuyez, une trom**be** n'est pas loin. — Notre glo**be** est comme une énorme boule. — Lorsque Bar**be** a pêché des cra**bes**, un cra**be** lui a pincé le pouce.

28e Thème. L'ara**be**, les a—.
Une joubar**be**, quatorze j—.
Un cra**be**, quatorze c—.
L'am**be**, les am—.

Comme vous le voyez dans Barbe, crabe, *etc.* :
On met toujours **be** à la fin des mots pour peindre l'articulation *b*

32e **Dictée.**— La joubar**be** est une plante grasse toujours verte. — Rome a été victorieuse des Curiaces et d'Al**be**. — Eusè**be**, écoutez : Pan, pan ! la bom**be** éclate, elle tom**be**.— Napoléon Ier gouverna un an l'île d'El**be**.

31e LEÇON. — C DUR (ou *prononcé* K) AVANT LES VOYELLES a, o, u, *ou* :

= *Servez le* **ca**c**a***o et les* **co***mpotes,* **Cu***négonde.*

34e **Copie.**— **1°** Y a-t-il des cas**ca**des dans le **Ca**nada ? — **Co**nstantin a **co**nservé pour son frère une boîte de **co**nserves. — La **ca**ravane arabe de Mas**ca**te a péri dans les sables. = **2°** Le **co**in du feu est bon pour tous, même pour les **co**smopolites. — La boulangère a des é**cus** !... — Mos**cou** brûla. — **Cu**négonde, notre **cu**isinière, a acheté une mesure **co**mble d'orge.

29e Thème et 30e.

1. Une **ca**mpanule,	quatorze **c**—.
Une **ca**r**ca**sse,	quinze **c**—.
L'ar**ca**de,	les a—.
Une **co**c**a**rde,	quinze **c**—.
Un **co**in,	quatre **c**—.
2. Un **co**n**co**mbre,	seize **c**—.
L'é**co**lière,	seize é—.
La dé**co**uverte,	les d—.
Un monti**cu**le,	dix-sept (1) m—.
L'é**cu**sson,	les é—.

Comme vous le voyez dans **cacao, compote, Cunégonde,** *etc.* : Avant *a, o, u,* c'est le plus souvent un **c** qu'on emploie pour peindre l'articulation *k.*

33e **Dictée.**— **1°** Le bûcheron est **ca**lme dans sa **ca**bane, plus que le prince sur ses bal**co**ns dorés, ou que le roi au milieu de ses **co**urtisans. — **Cu**négonde, vous me servirez des **co**n**co**mbres, des **co**mpotes, des **co**nfitures.— Le péli**ca**n a une poche près du **co**u. = **2°** Un dé**ca**litre est une mesure de dix litres. — Qui a **co**upé les renon**cu**les et les **ca**mpanules dont vous voyez les tiges dans ce **co**in? — Il y a en Suède des mines de **cu**ivre fort riches. — Ah! voilà une des é**cu**yères de Fran**co**ni!

32e LEÇON. — **C DUR** (ou *prononcé* **K**) **AVANT UNE CONSONNE**, *ou* :

= **Cl***ara, voici le* **cr***épuscule; revenez.*

35e **Copie.**— **1°** **Cl**odion a été roi de France. —

---

(1) Exiger du petit élève qu'il mette régulièrement les tirets. —

L'ouverture, la bouche des volcans en est le **cra**tère. — Victorine, saluez ici notre respe**ct**able **c**uré. — Oui, le **cr**o**c**odile est une bien dangereuse bête. = **2°** A qui est cette bou**cl**e en nacre de perle? Elle est à **Cl**ara? — Le capri**c**orne, comme les bêtes à Dieu, etc., se **cl**asse parmi les inse**ct**es. — Vi**ct**oire, ne soyez jamais indis**cr**ète, et ayez de l'a**ct**ivité.

31ᵉ Thème et 32ᵉ.

1.	Une **cl**oison,	seize **c**—.
	Une **cl**oyère (d'huîtres),	seize **c**—.
	Un **cl**ayon,	dix-sept **c**—.
	Un **cr**ayon,	dix-sept **c**—.
	Un **cr**étin,	dix-sept **c**—.
2.	Un obsta**cl**e,	deux o—.
	Une escarbou**cl**e,	des e—.
	La **cr**oix (1),	les **c**—.
	Un é**cr**ou,	dix-huit é—.
	Un mi**cr**oscope,	dix-huit m—.

Ainsi que vous le voyez dans Clara, crépuscule, *etc.* :

On emploie le plus souvent un **c** pour peindre l'articulation *k* avant une consonne.

34ᵉ **Dictée.— 1°** Victoire, regardez dans mon mi**cr**oscope, et le moindre des inse**ct**es sera pour vous une bête énorme; et vous **cr**oirez au mira**cl**e. — La **cl**arté de la lune a dissipé l'obs**c**urité. — Le **cr**abe est au nombre des **cr**usta**c**és. = **2°** Vi**c**torine, tracez avec votre **cr**ayon la forme du **cr**atère de l'Etna. — Ayez une parole toujours

(1) *Remarque.* — Le mot qui finit par un **x** lorsqu'il ne désigne qu'un seul être ou une seule chose s'écrit de la même manière lorsqu'il en désigne plusieurs.

bien distincte. — Ah! Fiacre, que ce **cloaque** infecte!

33e LEÇON. — C DUR (ou *prononcé* K) AVANT UN e OU UN i.

= § Ier, *ou* : **Qui** *débar***que***ra votre* **quinquina** ?

36e **Copie.** — **1°** La France n'a pas conservé les conquêtes de Napoléon Ier. — Blanche, vous avez une forte co**que**luche, buvez de la tisane. — Vous porterez Dimanche pour la **quête** deux pièces blanches, avec ces six ou sept sous. = **2°** Colombe, lorsque vous avez la fièvre, prenez-vous de la **qui**nine ou du **quinqui**na ? — On mesure les li**qui**des dans un vase de la capacité, ou de la contenance, du litre. — Conduisez ce bou**quin** barbu et ces chèvres grimpantes.

33e Thème et 34e.

1.	Une **quê**te productive,	des **qu**—pr—.
	Une **ques**tion,	dix-huit **qu**—.
	Un **quin**conce.	dix-neuf **qu**—.
	Une **quin**te,	deux **qu**—.
2.	La co**que**luche,	les c—.
	L'ar**que**buse,	dix-neuf a—.
	Une colo**quin**te amère,	dix-neuf c—a—.
	L'arle**quin**,	vingt a—.

Ainsi que vous le voyez dans débarquera, quinquina, *etc.* :
Avant un *e* ou un *i*, c'est le plus souvent **q u** qu'on emploie pour peindre l'articulation *k*.

35e **Dictée.** — **1°** Lorsque vous ferez une **ques**tion, écoutez toujours la réponse. — **Qui**conque observe la loi de Dieu avec ponctualité vivra dans une grande **quiétude**. — Lacez votre brode**quin**, Adèle, ou vous tomberez. = **2°** Si vous étiez **piqué** par un scorpion dans vos voyages, soyez sans in**quié**tude, le li**quide** contenu dans cette fiole détruira le venin, c'est de l'alcali. — Ne ta**quinez** jamais vos frères ni vos amis.

---

§ II, *ou : Que ce cosa***que** *est grotes***que** !

37ᵉ **Copie.** — L'Afri**que** est une grande pres-**qu**'île. — Angéli**que**, admirez ces deux énormes vases étrus**ques** fabriqués dans l'antiquité ! — L'Océan Atlanti**que** sépare l'Europe et l'Afri**que** de l'Améri**que**.

35ᵉ Thème. L'épo**que**, les é—.
Un cloa**que**, des c—.
Un cas**que**, dix-neuf c—.
La fres**que**, vingt f—.

Comme vous le voyez dans cosaque, grotesque, *etc.* :
On emploie le plus souvent **q u e** à la fin des mots pour peindre l'articulation *k*.

36ᵉ **Dictée.** — Dans une ferme en Belgi**que**, un uni**que** cosa**que** a jadis volé dix ou douze moutons, cinq chèvres, et trois petites bi**ques**. — On place sur les catafal**ques** des balda**quins** superbes.

34ᵉ LEÇON. — C. DUR.

RÉCAPITULATION GÉNÉRALE.

38ᵉ **Copie.** — 1° Ouvrez ce coco, cette coque

ovale que voilà, vous y trouverez une amande creuse et un liquide blanchâtre. — Clorinde, avez-vous quelque chose pour moi? Mon ami, voici une brioche, des macarons, des compotes de crassane, puis du sucre et du cacao. = 2° Quelqu'un m'a assuré que le quinquina est l'écorce d'un arbre du Pérou. — Fiacre, cultivez-vous les concombres, les coloquintes? — Si jamais vous étiez piqué par un cousin, lavez la place avec de l'alcali.

37e **Dictée.** — 1° Étudiez la langue franque, puisque vous voyagerez sur les côtes de l'Afrique. — Si vous continuez votre route dans l'obscurité, vous tomberez dans quelque trou; prenez-y garde. — Le quinquina est une écorce amère et fébrifuge. = 2° Il n'y a presque que trois siècles et demi que l'Amérique a été découverte. — Angélique, savez-vous qu'avec l'écorce du coco on calfate les navires et l'on fabrique des cordages?

38e **Dictée.**— 1° Dominique, c'est dans l'Amérique qu'on cultive le cacao. — Qu'il est admirable le quinconce des Invalides! — Vous ne demanderez jamais à quelqu'un son âge, vous ne ferez pas de questions indiscrètes, Clara. = 2° Le quinquina nous procure la quinine. — La cambrure de ces pantoufles est trop considérable. — Caroline, fuyez Victoire, elle a un caractère détestable; elle est taquine, brusque et colère : mais imitez son activité et sa franchise.

35e LEÇON. — D.

§ Ier. *ou* : **D***omingo* **d***évora mon* **d***in***d***on, et...*

Mes petits amis, vous connaissez bien les substantifs maintenant, vous les distinguez facilement des autres mots ; hé bien, attention !

Les mots qu'on ajoute aux substantifs pour indiquer la QUALITÉ des personnes, des animaux, ou des choses, on les appelle mots ADJECTIFS.

Désormais les thèmes (comme les copies et les dictées) renfermeront toujours des *adjectifs.*

39e Copie.

Dans toutes les copies qui vont suivre, et jusqu'à la 50e, on fera mettre un *a* sous les adjectifs; nous ne reviendrons point sur cet avis.

Après le **D**éluge, qui a tout bouleversé, notre globe a été **d**ans un **d**éso**rd**re épouvantable, **d**ans la plus complète **d**es confusions. — **D**ans vos prières, **d**eman**d**ez toujours à **D**ieu le **d**on **d**e la piété.

Écoutez bien! **Lorsque le substantif sera singulier, son adjectif sera au singulier.**

Lorsque le substantif sera pluriel, son adjectif devra s'écrire au pluriel (or presque toujours avec S à la fin).

Écrivez donc :

36e Thème et 37e.

1.	Un **d**omino bleu (*adj.*),	des **d**—bleus.
	Un **d**onjon **d**élabré (*adj.*),	dix-neuf **d**—**d**—.
	Un **d**iable incarné (*adj.*);	vingt **d**—in—.
2.	Le **d**isque **d**écoloré (*adj.*),	les **d**—**d**—.
	Un ca**d**re **d**oré,	onze c—**d**—.
	Une cor**d**elière blanche,	douze c—b—.

Comme vous le voyez dans **Domingo, dindon,** *etc. :*
On emploie presque toujours un **d** pour peindre l'articulation *d* au commencement et au milieu des mots.

39e **Dictée.** — Adore **D**ieu, ton père céleste. — Un **d**éluge ne **d**étruira plus notre globe, **D**ieu l'a **d**éclaré à Noé, ma Céleste. — Un **d**iacre a ondoyé la petite Léopol**d**ine. — Écoutez, la fou**d**re a gron**d**é; elle éclate, elle tombe !...

---

§ II, *ou : ... et Arman**de** a dévoré ma din**de**.*

40e **Copie.** — La (1) lune est ron**de** comme une boule. — Il y a peu **de** remè**des** contre le venin des crotales (ou serpents à sonnettes). — La France a obéi (1) longtemps aux sévères et sages drui**des**.

38e Thème.	Un mala**de** désespéré,	quatorze m—d—.
	Le cou**de** pointu,	les c—p—.
	L'aman**de** amère,	quinze a—a—.

Comme vous le voyez dans **Armande, dinde,** *etc. :*
On emploie presque toujours **de** à la fin des mots pour peindre l'articulation *d*.

---

(1) On pourra faire mettre un *a* sous les déterminatifs *le, un, ces,* etc.; — et sous les participes, ou adjectifs formés de verbes : comme *obéi, demandé, parlant,* etc.

40e Dictée. — Clorinde, on trouve une multitude de chênes et de bruyères dans les landes en France. — Il y a dans le midi de la France des landes presque stériles, et des cavernes profondes. — Le bon Dieu punira toujours les petites gourmandes.

36e LEÇON. — F.

§ Ier, *ou : L'or***f***èvre Éloi a été ministre en* **F***rance.*

41e Copie. — Mes frères, mangerez-vous de la délicieuse frangipane que **F**rancine acheta? — **F**irmin a la fève, il est le roi de la fête. — Le volcan lance avec du soufre des matières sulfureuses.

39e Th.	L'esclave in**f**idèle (1),	les e—in—
	Un **f**idèle (1) musulman,	dix-neuf **f**—m—
	Un re**f**us obstiné,	des r—o—

Comme vous le voyez dans orfèvre, France, *etc. :*
On emploie le plus souvent un f pour peindre l'articulation *f* au commencement et au milieu des mots.

41e Dictée. — On fabrique en **F**rance des glaces superbes. — Ma chère **F**rédérique, voulez-vous des nèfles, ou des confitures de framboises ? — Ah ! voyez, **F**irmine, ce rayon de lumière qui se reflète dans l'Océan ! Que cela est joli !

(1) L'adjectif se place quelquefois après son substantif, et quelquefois avant.

§ II, *ou : Soyez* **vif**, *Martin, devenez* **actif.**

42e **Copie.** — Si vous lisez trop à la clarté de la lampe, vous vous fatiguerez le **nerf** optique. — Le **Juif** (la nation) indocile a cependant été chéri de Dieu. — Lorsque la racine de cet arbuste trouvera le **tuf**, l'arbuste périra.

40e Thème. Un domestique **vif**, vingt et un d—v—
Une large **nef**, sept l—n—
Un **if** ébranché, vingt et un i—é—

Comme vous le voyez dans **vif, nef,** *etc. :*
Le plus souvent l'articulation *f* se peint à la fin des mots par un **f** sans *e* muet.

42e **Dictée.** — Notre église de Notre-Dame a cinq larges **nefs.** — Devenez **actif,** Francisque, l'activité est la première richesse. — Qui a tondu ces **ifs** en pointe? je les préfère en boule. — Écoutez, le **cerf** brame !

37e LEÇON.

G DUR (ou *prononcé* **GUE**) **AVANT LES VOYELLES**
a, o, u, *ou :*

= **Ga***ston, la* **gorgo***ne Méduse épouvanta* **Gu***stave.*

43e **Copie.** — **1°** La **ga**rance est une plante tinctoriale. — Frédé**go**nde a **go**uverné la France; le saviez-vous, **Gu**stave ? — Une infati**ga**ble **go**ndolière a promené mon frère **Go**defroi et mes trois neveux dans les la**gu**nes de Venise. = **2°** **Gu**stavine a un énorme **go**ître. — La fève est un lé**gu**me fort utile. — Regardez le fa**go**-

tin de Radegonde, il vous régalera de ses risibles gambades. — Voyez ce pingouin, il ne vole pas !

41e Thème, 42e, 43e.

1. Une **ga**ze légère,	des **g**—l—.
Un **gaz** (1) délétère,	des **g**—d—.
Un **garga**risme utile;	des **g**—u—.
2. Une **go**yave mûre,	vingt et une **g**—m—.
Une **go**ndole verte,	vingt-deux **g**—v—.
Une **gou**ache délicieuse;	sept **g**—d—.
3. Un pon**go** **giga**ntesque,	vingt-deux p—g—.
Un malin sa**gou**in (singe),	vingt-trois m—s—.
Une la**gu**ne malpropre,	des l—m—.

Comme vous le voyez dans Gaston, gorgone, Gustave, *etc.* :
Avant *a*, *o*, *u*, c'est toujours un g qu'on emploie pour peindre l'articulation *gue*.

43e **Dictée.** — 1° La **gou**rmandise de mon pon**go** est ruineuse; il m'a dévoré, le **gou**lu ! quinze ou seize **go**yaves, et tous mes bons lé**gu**mes : c'est un véritable **Ga**r**ga**ntua. — L'a**gou**ti est une sorte de lapin d'Amérique. = 2° Voyez les rives délicieuses du **Ga**nge dans cette charmante **gou**ache ! — Domin**go**, ne **gâ**tez pas **Ga**ston ! — Par le tan**ga**ge de ce navire, votre route sera fati**ga**nte, Dié**go**.

38e LEÇON.

G DUR (ou *prononcé* **GUE**) **AVANT UNE CONSONNE,**
ou : Portez cette **gl***ace au* **dr***o***gm***an*, **Gr***égoire*.

44e **Copie.** — 1° Ne vous regardez pas dans

(1) *Remarque.* — Le mot qui finit par un z lorsqu'il ne désigne qu'un seul être ou une seule chose s'écrit de la même manière lorsqu'il en désigne plusieurs.

la **glace**. — Cunégonde **glana**, c'est-à-dire ramassa tous les épis tombés et oubliés en ces lieux après la moisson. — **Aglaé**, piquez mes épingles sur cette pelote, puis devinez une énigme. = 2° **Grégoire** a confié à des esclaves nègres tous les soins de l'**agriculture** dans ses **grandes** propriétés de l'Amérique-Méridionale. — Ne croyez pas les contes d'**ogres**, de **gnomes**, de vampires, **Glossinde**! Contes d'**ogres**, contes bleus!

44e Thème et 45e.

1.	Un **gl**obule invisible,	vingt-trois **g**—in—.
	Une superbe **gr**avure,	vingt-quatre s—**g**—.
	Un sale **gr**oin;	de s—**g**—
2.	Une é**gl**antine odorante,	vingt-quatre é—o—.
	Un **gn**ome fidèle,	vingt-quatre **g**—f—.
	L'a**gr**afe noire;	vingt-cinq a—n—

Ainsi que vous le voyez dans glace, drogman, Grégoire, *etc.* :
On emploie un g pour peindre l'articulation *gue* (*g* prononcé dur) avant une consonne.

44e **Dictée.** — 1° On fabrique des épin**gl**es d'une manière très-économique et très-rapide. — Le cha**gr**in altère la santé. — Dans l'Afrique, on converse avec les Arabes, les Berbères, par des interprètes ou dro**gm**ans. = 2° La **gr**ange est le lieu où l'on garde le blé après qu'il a été coupé. — Dé**gr**afez ma robe, Célina. — Ah! deux coucous près de votre **gl**u! — La gourmandise dé**gr**ade.

39e LEÇON.

G DUR (ou *prononcé* GUE) AVANT UN e OU UN i.

§ Ier, *ou : Marguerite a une robe de* ***guingan.***

45e. **Copie.** — **1°** Qu'elle est importune cette **guê**pe ! — Dieu a opéré nombre de **gué**risons miraculeuses. — Gaston, chacun des Parsis ou **Guè**bres adore le feu. — En plusieurs lieux, Mar**gue**rite a passé à **gué** les petites rivières : la Bièvre, l'Orge, etc. = **2°** La religieuse porte **gui**mpe et voile. — **Guy**on a joué de la **guim**barde. — Avez-vous vu la charmante **gui**rlande de roses et de mar**gue**rites blanches de Clara ? — Le Druide vénéra le **gui** de chêne.

46e Thème et 47e

1. Une **gué**rite verte,	vingt-quatre **g**—v—.
Un **guè**bre sévère,	vingt-cinq **g**—s—.
Une **guê**tre étroite,	vingt-cinq **g**—é—.
2. La solide **gui**pure,	les s—**g**—.
Une **gui**mpe juste,	vingt-six **g**—j—.
Un **gui**don rouge,	vingt-sept **g**—r—.

Comme vous le voyez dans Mar**gu**erite, **gu**ingan, *etc.* :
On emploie presque toujours **gu** au commencement et au milieu des mots pour peindre l'articulation *gue* placée avant un *e* ou un *i*.

45e **Dictée.** — **1°** Lacez les petites **guê**tres noires de Gaston. — Une grande caravane de **Guè**bres a voyagé sans **gui**de dans des bruyères, ou des sables arides. — Que de **guê**pes importunes dans ces lieux ! chassez-les, Mar**gue**rite. = **2° Gui**, savez-vous que Gustave **Guy**on s'est dé**gui**sé en arlequin ? — Le **gui** est une plante parasite qui pousse sur les chênes et sur d'autres arbres. — La **gue**non est une espèce particulière entre les singes d'Afrique.

---

§ II, *ou : Voilà un sari***gue** *sans lan***gue**.

46e **Copie.** — Le nègre creuse un arbre, se fabrique lui-même une piro**gue**, et, dans ce frêle esquif, il navi**gue** avec calme et sécurité sur le vaste Océan. — L'énorme bouledo**gue** de Diè**gue** a mordu les jambes de deux petites voleuses de fi**gues**.

48e Th. Une al**gue** marine,	vingt-six a—m—.
Une fi**gue** mûre,	vingt-sept f—m—.
Une éswitch**gue** pastorale,	vingt-huit é—p—.

Comme vous le voyez dans sari**gue**, lan**gue**, *etc.* :
Le plus souvent on écrit par **gue** l'articulation *gue* placée à la fin des mots.

46e **Dictée.** — Le sari**gue** prospère dans l'Amérique Méridionale, et surtout au Pérou. — Le quinquina formera la base de la dro**gue** ou remède qui vous guérira, Marguerite. — Le Belge fera des di**gues** avec des al**gues** marines et du sable.

40e LEÇON. — G DUR.

RÉCAPITULATION GÉNÉRALE.

47e **Copie.** — **1°** La garance est une racine d'une grande utilité. — Admirez avec moi ces deux guirlandes de gracieuses églantines et de charmantes marguerites. — Marguerite porte de longues guêtres grises. = 2° Cunégonde, la Bièvre est-elle guéable près de la manufacture des Gobelins? — Le gui ne procure-t-il pas de la glu? — A qui ces deux grandes glaces octogones? — Don Diègue, croyez-vous aux gnomes?

47e **Dictée**. — **1°** Gargantua, le goulu Gargantua, a dévoré comme un glouton quatre cloyères d'huîtres (*indiquer l'orthographe de :* huîtres), cinq moutons, six lièvres, sept langoustes, huit pâtés, dix grenades, onze figues, douze compotes de poires; = **2°** il a encore dévoré treize gros concombres, quatorze merlans, quinze goyaves, seize nèfles, dix-sept pêches, dix-huit prunes, cent dix-neuf framboises, vingt oranges, oh! l'ogre! Aussi sa gourmandise est proverbiale!...

48e **Dictée.** — **1°** Le Patagon a une gigantesque stature. — Otez cette guipure de ma guimpe, et posez-la à mon fichu d'organdi. — Aldegonde et Marguerite, n'ayez ni gloriole, ni vanité, ni morgue; tout cela est désagréable au monde, et surtout à Dieu. = **2°** Ogres, gnomes, tous êtres fantastiques! un ogre n'est donc pas redoutable; mais un doguin, un dogue, un bouledogue surtout, voilà une dangereuse bête. — Dans la vertu éside la véritable gloire, Margarita.

41e LEÇON. — J AU COMMENCEMENT DES MOTS, AVANT a, o, u, eu, *ou* :

= **Ju***lia, cherchez* **Jeu***di des* **jou***barbes dans mon* **ja***rdin.*

48e **Copie.** — **1°** Le **jo**li **ju**pon bleu d'Ambroisine est garni de trois ganses blanches. — **Ju**an, formez un délié fin avant le **ja**mbage de votre *i*. — Le roi d'Espagne a convoqué **Jeu**di la **ju**nte de Léon et la **ju**nte d'Aragon. = **2°** Ce volatile passera bien notre rivière à gué, Dieu l'a créé avec des **ja**mbes minces et longues. — Dans son voyage à Rome, **Ju**ste traversa le **Ju**ra. — Regardez ces **jo**lis vases du **Ja**pon.

49e Thème et 50e.

1.	Une longue **ja**veline,	vingt-sept l—**j**—.
	Un **jeû**ne prolongé,	des **j**—p—.
	Le **jeu** gracieux (1) ;	les **j**—g—.
2.	Une bande **jo**yeuse,	vingt-huit b—**j**—.
	Un **ju**ge intègre,	vingt-huit **j**—in—.
	Un riche **ju**if ;	vingt-neuf r—**j**—.

Comme vous le voyez dans Julia, Jeudi, joubarbe, *etc.* :
Avant *a, o, u, eu,* on emploie presque toujours j au commencement des mots pour peindre l'articulation *j*.

49e **Dictée.** — **1°** Dieu écoute la prière du **ju**ste. — En Grèce, on adora **Ju**non. — **Ju**lia, **jo**uez-nous vos mélodieuses sonates. — Don **Ju**an, admirez ces quatre **jo**lis **ja**smins et mes superbes **jo**ubarbes. = **2°** Dieu a placé dans un **jo**li **ja**rdin Ève avec son mari lorsqu'il les a créés.

(1) Voyez la REMARQUE placée en note, page 45.

— Que de **j**antes et de moyeux on a brisés Jeudi ! — Le **j**aspe est opaque, et de la nature de l'agate; il y a du **j**aspe sanguin, du **j**aspe purpurin, etc.

42e LEÇON. — J AU MILIEU DES MOTS, AVANT a, o, u, *ou* :

= *Par ga**geu**re, Remi man**gea** trois pi**geo**ns.*

49e Copie. — 1° Arsène a une grosse fièvre, il a souvent éternué; la rou**geo**le se déclarera sans doute. — La carpe a de fortes et larges na**geo**ires. — C'est une véritable ga**geu**re, Justin; on déran**gea** encore de leur place mes deux petites lampes. = 2° Que préférez-vous, Zoé, de l'oran**gea**de ou de la limonade? — Remarquez les ver**geu**res de cette carte, puis regardez ce vélin; vous le voyez, le vélin n'a pas de ver**geu**res. — Qui for**gea** cette petite ancre de navire ? — Oh ! les jolis pi**geo**ns privés !

51e Thème et 52e.

1.	Un nuage rou**geâ**tre,	des n—r—.
	Une longue na**geo**ire,	vingt-huit l—n—.
	Un joli pi**geo**n;	vingt-neuf j—p—.
2.	Un énorme estur**geo**n,	trente é—es—.
	La ridicule ga**geu**re,	les r—g—.
	Une man**geu**re (de vers).	trente m—.

Comme vous le voyez dans gageure, mangea, pigeon, *etc.* :
Au milieu et à la fin des mots, on met presque toujours ge avant *a, o, u,* pour peindre l'articulation *j*.

50e **Dictée.** — **1°** La peste ravagea la France et toute l'Europe dans le quatorzième siècle. — Dans les plantes, le bourgeon pousse sur la branche, et la prolonge; le surgeon pousse sur la tige; et le drageon pousse à la racine de l'arbre ou de l'arbuste : le drageon a la faculté de reproduire la plante. = **2°** Admirez les jolis nuages rougeâtres dans ce paysage. — Ah ! que de mangeures de vers dans mon châle! — Julia, ce pigeon a deux ans, il ne sera pas mangeable. — Ce badigeon est rougeâtre.

43e LEÇON.— J OU GE 1re RÉCAPITULATION.

Dans la 50e copie, la 52e, la 54e, la 56e, la 58e et la 60e, mettre un *s* sous chaque substantif.

50e **Copie.** — **1°** Où est la javeline de Juste? qui la changea de place, qui la dérangea? — Julia, en Juin, on ne trouve plus de bourgeons aux arbres dans les jardins. — En cinq minutes, ce plongeon plongea trois fois dans l'Océan. = **2°** Un joli pigeon voltigea dans ces lieux avec deux gracieuses colombes. — Jeudi, vous couperez tous les drageons que vous voyez à la base de ce jeune érable, il en est fatigué.

51e **Dictée.** — **1°** Dieu est notre juge suprême. — Que d'esturgeons dans notre rivière ! — Si mon jeune frère a la rougeole, lui ferez-vous boire de l'orangeade, ma mère? — Le jupon de la liégeoise est criblé de mangeures (de vers). = 2° La nageoire qui termine le cétacé est plate, elle rase la surface de l'Océan; la nageoire qui termine le poisson est verticale, elle coupe les ondes.— Juan, plantez ce drageon dans le coin de votre jardin, un arbre y poussera.

52e **Dictée.** — 1° Voyez ce lièvre qui joute : dans sa présomptueuse confiance, il broute, il se repose, il s'amuse ; il montre de la jactance ; Léon jure qu'il perdra la gageure. — Le joli badigeon ! — Ce chemin est jonché de roses et de jasmin. = 2° Maman purgea Justine avec de l'antimoine. — Est-ce l'âne de votre jeune jardinière qui mangea l'avoine de ma mangeoire ? — Placez ces joubarbes rougeâtres dans la jardinière rustique de Martin.

44e LEÇON. — J PAR G AVANT e, i.

Dans la 51e copie, la 53e, la 55e, la 57e et la 59e, mettre un *a* sous chaque adjectif.

§ Ier, *ou : Lavez le* **ge***nou de la* **gi***rafe lé***gè***re.*

51e **Copie.** — 1° An**gé**lique, liez avec **Gédéon** tous ces épis en **ger**bes. — Ré**gi**na la strasbour**geoi**se est une véritable **géan**te. — Le palefroi de l'élé**gan**te **Gisè**le re**gim**ba contre l'éperon lorsqu'elle chan**gea** de route. = 2° An**gè**le, avez-vous vu au Jardin-des-Plantes l'énorme **gi**rafe aux longues jambes, au cou grêle et **gi**gantesque, à la figure douce, mais originale? elle a voyagé sur l'Océan depuis l'Afrique.

53e Th. Un **g**erme productif. trente **g**—p—.
La **g**émissante colombe, les **g**—c—.
Une élégante **g**irandole, trente et une é—**g**—.
Un re**g**istre, trente et un r—.

Comme vous le voyez dans girafe légère, *etc.* :
Avant un *e* et un *i* on emploie le plus souvent un *g* pour peindre l'articulation *j* au commencement et au milieu des mots.

53e **Dictée.** — **1°** Dieu a révélé dans la **Ge**nèse la vérité sur l'ori**g**ine du monde. — Lorsque le lion ru**g**ira, An**g**éline fuira. — Usez de ce cosmétique, il ré**g**énère les cheveux. = **2°** **Ger**trude a porté la **g**ibecière de son oncle **Gé**ronimo. — Évitez tous les **g**estes ridicules, ma petite **Gi**sèle ; soyez toujours simple. — Me mènerez-vous au **Gé**orama, mon père?

---

§ II, *ou : Votre sin***ge** *dévorera mon oran***ge**.

52e **Copie.**— Si Soulan**ge** est bien sa**ge**, on lui montrera des ima**ge**s charmantes : des sin**ge**s, des lions, des pi**ge**ons bruns, de blanches colombes, des rou**ge**s-gor**ge**s, etc. ; et de jolis paysa**ge**s avec des pâtura**ge**s.

54e Th. L'an**ge** déchu, trente-deux an—d—.
Une fran**ge** rou**ge**, les f—r—.
Un admirable prodi**ge**, deux a—p—.

Comme vous le voyez dans Soulange, singe, *etc.* :
On emploie **ge** à la fin des mots pour peindre l'articulation *j*.

54e **Dictée.** — Un ange du bon Dieu vous garde et vous protége, ma chère petite Ange. — La mésange a un plumage agréable et varié. — Cette chambre n'est pas logeable, c'est un véritable bouge. — Venise a obéi plusieurs siècles à des doges.

45e LEÇON.—J OU GE.— 2e RÉCAPITULATION.

53e **Copie.** — **1°** Le pigeon roucoulera, la colombe gémira dans la volière qui orne le jardin de Julia. — Cette céréale est de l'orge; voyez, Juste, les barbes longues et dures de ses épis ! = **2°** Gédéon a gouverné les Juifs, il a été leur juge. — Justin, goûtez ces oranges rouges ou plutôt rougeâtres, et jugez de leur origine. — Ma Régina, vous formez mal tous les jambages de vos *m* et de vos *n*.

55e **Dictée.** — **1°** Ah ! que de jolis pigeons sur cette cabane ! voyez, Gisèle, ce pigeon nuancé à gorge changeante, comme il voltige ! — Maman sera bien joyeuse, son Angèle a épelé quatre pages ce matin. = **2°** Justin mangea du genièvre. — A qui cette jupe de serge rougeâtre? A la jeune Gertrude, la jardinière de maman. — Avez-vous vu la joute, Angélique? Oui, Justine, avec maman et Soulange.

56e **Dictée.** — **1°** Oh ! voyez donc, Julia, tous ces pampres ! combien cela orne le paysage ! — Pendant toute l'éternité le juste chantera les louanges du Dieu qui l'a créé. = 2° Geneviève, étudiez *le Crocodile et l'Esturgeon* dans votre joli livre de fables de Florian. — Angélina nous a joué une gigue. — La jonque est une sorte de navire fort en usage dans les Indes et en Chine.

46e LEÇON.

Afin de faire mieux saisir la différence qui existe dans la prononciation et l'emploi entre ces deux consonnes, nous allons présenter :

G ET J OPPOSÉS, *ou :*

= *Cultive-t-on la* **garance** *dans ce* **jardin**?

54e **Copie.** — 1° Est-ce votre **garde** qui coupa les bourgeons des catalpas dans mon **jardin**? — C'est la **gantière** qui a dérangé votre **jante**. — Avec vos ridicules **gambades**, **Gaston**, vous vous casserez une **jambe**. = 2° **Gustave** fera la **gouache** du **joli jubé** de notre église. — Cuné**gonde** a **guéri** son **goître**; elle est bien **joyeuse**, et chacun se **réjouira** avec elle; mais le médecin **juge Gudule** incurable.

57e **Dictée.** — **Javelez** bien vos blés et vos avoines dans ces lieux; ou vous les **gâterez**, **Gustave**, et votre père vous **grondera**. — Si vous **gagez** que cette viande est du **jambon**, vous perdrez votre **gageure**, et cela ne vous **réjouira** pas.— Le **goulu José** a dévoré nos **goyaves**, il a fui; avec **Gaston** et **Justin** tâchez de le **rejoindre**.

47e LEÇON. — CH,

§ Ier, *ou : Chantez une chanson, Micheline.*

55e **Copie.** — Il y a en Chine de sages mandarins. — Si vous devenez riche, soyez détaché de vos richesses, soyez charitable. — Maman m'achètera un manchon de martre du Canada.

55e Thème.

Une **ch**ambre logeable,	trente-deux **ch**—l—.
Une é**ch**arpe noire,	trente-trois é—n—.
Une douloureuse é**ch**arde,	trente-quatre d—é—.

Comme vous le voyez dans chanson, Micheline, *etc.* :
Au commencement et au milieu des mots, on emploie le plus souvent **ch** pour peindre l'articulation *ch*.

58e **Dictée.** — Qu'un ami véritable est une douce chose ! — Richilde a la rougeole, cherchez-lui une garde. — La charité est la première de toutes les vertus ; vous serez toujours charitable, n'est-ce pas Angélique ?

---

§ II, *ou : Amenez-moi cette biche blanche.*

56e **Copie.** — Par l'ordre de Dieu, Noé a bâti une grande arche, et il n'a pas péri dans le Déluge. — Comparez la vache blanche d'Eustache avec les vaches brunes et les vaches noires de Fanchon.

56e Thème.

Une lourde clo**che**,	trente-cinq l—c—.
Une énorme ru**che**,	trente-six é—r—.
Une man**che** blan**che**,	trente-sept m—b—.

Comme vous le voyez dans **biche, blanche,** *etc.* :
On emploie presque toujours **che à la fin des mots pour peindre** l'articulation *ch.*

59e **Dictée.** — Voyez donc **Moustache, comme** sa moustache est blanche ! il l'a mise dans la crème, sans doute. — Jolis colibris, vous voltigiez de branche en branche, à la Louisiane, vous vous perchiez sur des lianes fraîches, et légères.

48e LEÇON. — L,

§ Ier, *ou : Ah ! Clorinde, le joli moucheron bleu !*

57e **Copie.** — Le lama est une bête ruminante du Pérou et du Chili. — Que Dieu protége la récolte ! — Le lion est une des plus redoutables bêtes. — Votre salon est bien joli, Clotilde, à la clarté des lampes et des lustres !

57e Th. Une grasse langouste, trente-sept g—l—.
Un joli baldaquin, trente-huit j—b—.
Un jeune plongeon, trente-neuf j—p—.

Comme vous le voyez dans Clorinde, le, joli, bleu, *etc.* :
On emploie le plus souvent un l pour peindre l'articulation *l* a commencement et au milieu des mots.

60e **Dictée.** — L'oisiveté est la mère de tous les vices. — Mon oncle, qui dirige la culture de grandes propriétés, a changé des landes incultes en délicieux pâturages.

---

§ II, *ou : La Bible est un livre admirable* (1) !

58e **Copie.** — Napoléon Ier est né dans l'île

(1) On trouvera dans la 76e leçon, la 77e, etc., les suppléments à cette 48e leçon.

de Corse au dix-huitième siècle. — Otez vos besicles, mon oncle, et prenez votre binocle, cela est plus simple.— Elle est admirable, la morale de l'Évangile ?

58e Thème.

Un miracle visible,	des m—v—.
Un obstacle invincible,	quarante o—in—.
Un esclave fidèle,	quarante et un e—f—.

Comme vous le voyez dans Bible, admirable, *etc.* :
On emploie presque toujours **le** à la fin des mots pour peindre l'articulation *l*.

61e Dictée. — Cette petite rivière est guéable en dix ou douze lieux, mais elle n'est pas navigable. — Lucile a payé ce pigeon le double, le triple de ce qu'il coûte à la marchande. — Avez-vous vu des étoiles filantes ?

49e LEÇON. — M,

§ Ier *ou : La* **m***ar***m***elade de* **M***aria est-elle* **m***angeable ?*

59e Copie. — La gourmande **M**i**m**i imita Gargantua Di**m**anche ; elle **m**angea du **m**acaroni, puis toute la **m**ar**m**elade cuite pour **M**arguerite, et quatre **m**eringues ; aussi sa **m**a**m**an la gronda beaucoup.

59e Thème.

Une **m**ûre **m**angeable,	quarante-deux **m—m—**.
Un **m**oyeu brisé,	cinquante **m**—b.
Une longue **m**angeoire,	cinquante et une l—**m**.

Comme vous le voyez dans marmelade, Maria, *etc.* :
On emploie le plus souvent un **m** pour peindre l'articulation *m* au commencement et au milieu des mots.

62e **Dictée.** — Avec son **microscope**, la **ma**man d'Ar**m**ande nous a **m**ontré, dans des liquides, des **m**ultitudes de bêtes ou d'ani**m**alcules invisibles sans le **m**icroscope : voilà des choses presque **m**iraculeuses.

---

§ II, *ou : Notre globe lui-mê*me *n'est qu'un at*ome *devant Dieu.*

60e **Copie.** — Le mécanis**me** des montres est admirable, Zuli**me**. — La lance, la pique, la la**me** du sabre, toute ar**me** blanche enfin est dangereuse. — **L'âme** pure goûte un cal**me** bien désirable.

60e Th. Un énor**me** bassin, six é—b—.
Une longue ra**me**, soixante l—r—.
Une mê**me** ar**me**, soixante-neuf m—a—.

Comme vous le voyez dans même, atome, *etc. :*
On emploie presque toujours **me** pour peindre l'articulation *m* à la fin des mots.

63e **Dictée.** — Ansel**me**, la grêle a cassé Dimanche tous les bourgeons de nos jolis lilas, et **m**ê**me** ceux des char**mes** et des or**mes**. — Onési**me**, on trouve encore des bra**mes** dans l'Inde.

50e LEÇON.

Depuis longtemps vous reconnaissez parfaitement quels mots sont des substantifs; — *vous savez également distinguer les* adjectifs, *ces mots qui sont ajoutés au substantif pour indiquer la qualité; — mais il y a une autre sorte de mots que vous ne connaissez pas encore, et qu'on appelle* verbes.

Écoutez bien, chers enfants! on peut dire :

Le VERBE est un mot qu'on peut presque toujours joindre aux mots : JE, TU, IL; NOUS, VOUS *ou* ILS.

Ou bien, on peut dire encore :

Le VERBE est un mot qui est joint aux substantifs pour indiquer l'ACTION que les personnes ou les choses font.

Ainsi dans : Marie *courra,* on voit que le mot *courra* est un verbe, parce qu'on peut dire : il *courra;* — ou je *courrai*, tu *courras*, il *courra;* nous *courrons,* vous *courrez,* ils *courront :* — et ensuite parce que ce mot *courra* indique *l'action* que fera Marie.

EXERCICE. Faire à l'enfant des explications analogues pour : Charles *écrit,* Louise *dansa,* la rivière *coulait,* Paul *parlerait,* le hanneton *vole,* Fidèle *aboyait,* Marie *tombe,* Armand *brisa* un verre, nous *jouons,* vous *pleurez,* etc., etc.

On doit commencer dès à présent à faire conjuguer des verbes; mais il faut faire entreprendre et suivre graduellement cette nouvelle étude : on trouvera l'indication de la marche graduelle à suivre, et des modèles gradués de verbes dans : *Éléments de Grammaire pratique,* par Madame CHARRIER, pages 28, 29, etc.

51e LEÇON. — N,

§ Ier, ou **N***oé n'a pas été à* **N***inive.*

Depuis cette 61e copie jusqu'à la 72e, mettre un *v* sous chaque verbe.

61e **Copie.** — Il y a de **n**ombreuses variétés de gue**n**ons. — La gue**n**on mô**n**e, plus petite que le babouin et très-douce, est **n**ative de l'Afrique. — Admirez, **Nanine**, les longues **nageoires** des poissons rouges d'**Anica**.

61e Th. Une courte **nageoire**, soixante-treize c—n—.
Un indocile **onagre**, quatre-vingts in—o—.
La joyeuse ré**union**, les j—r—.

Ainsi que vous le voyez dans **Noé, Ninive,** *etc. :*
Le plus souvent on emploie un **n** pour peindre l'articulation *n* au commencement et au milieu des mots.

64e **Dictée.** — Un **nombre** est la ré**union** de plusieurs fois une même chose ; ainsi lorsqu'on pro**nonce** : Trois **nèfles**, par le **nombre** trois on indique la ré**union** de trois fois une **nèfle**. — **Ninive** a été détruite par un roi barbare.

---

§ II, *ou : Léontine, montrez-nous une urne.*

62e **Copie.** — Ambroisi**ne**, voyez l'ombre des ormes élevés, des frê**nes** énormes, des chê**nes** gigantesques, qui se dessi**ne** sur la grande route à la pâle clarté de la lu**ne** ! — La zo**ne** brûlante est au milieu du globe.

62e Thème.

Un vieux (1) chê**ne**, quatre-vingts v—ch—.
Un gros (1) frê**ne**, quatre vingt-un g—fr—.
Une pru**ne** mûre, quatre-vingt-dix-neuf p—m—.

Comme vous le voyez dans Léonti**ne**, ur**ne**, *etc. :*
On emploie presque toujours **ne** à la fin des mots pour peindre l'articulation *n*.

65e **Dictée.** — L'â**ne** qu'Ali**ne** nous a amené s'est obstiné, a regimbé, s'est roulé près des

---

(1) Voyez les Remarques placées en notes pages 45 et 53.

ruines; qu'il est têtu !... — La sar**d**i**n**e a de petites **n**ageoires : est-ce à Roya**n** que **M**arti**n**e pêcha ces sardi**n**es?

52e LEÇON.

Comme beaucoup d'enfants confondent assez longtemps ces deux consonnes, nous allons présenter ici :

M ET N OPPOSÉS, *ou* :

= **N***oé***m***i* **s***e***m***a ces a***n***é***m***o***n***es.*

63e **Copie.** — 1° **N**u**m**a gouver**n**a Ro**m**e bien avant **n**otre ère. — **M**i**m**i, venez à la pro**m**e**n**ade. — **N**i**n**a a taché **m**a robe de **m**oire **n**oire. — La musul**m**a**n**e se voile la face. — **N**otre globe tour**n**e sur lui-**m**ê**m**e. — Jouez aux do**m**i**n**os avec **N**a**n**i**n**e. = 2° Voyez la vache **n**oire de **M**a**n**o**n** : elle ru**m**i**n**e. — **M**ari**n**o observa dans ses voyages des co**m**ètes lu**m**i**n**euses, puis toutes les pla**n**ètes. — La lu**m**ière de la lu**n**e char**m**e toujours **N**é**m**ori**n**. — La lu**n**e **n**'a aucu**n**e lu**m**ière par elle-**m**ê**m**e.

66e **Dictée.** — 1° L'A**m**érique possède les plus riches **m**i**n**es (d'argent). — Que le cri du coucou est **m**o**n**oto**n**e, Do**m**i**n**ique ! — **N**oé**m**i, avez-vous ad**m**iré la course **n**u**m**ide de trois agiles écuyères chez Fra**n**co**n**i ? — Oh ! que voilà u**n**e ad**m**irable **m**i**n**iature ! = 2° Le **m**o**n**arque, sévère **m**ais équitable, a **m**e**n**acé les révoltés, il les a pu**n**is **m**ê**m**e ; cependant il a a**mn**istié les **m**oi**n**s coupables. — **Mo**nique ramène ses **m**outons à l'étable, car la grêle **m**enace de fondre sur eux dans quelques **m**i**n**utes.

53e LEÇON. — P,

§ Ier, *ou : Ah !* **p**a**p**a, *que le la***p***in est* **p***oltron !*

64e **Copie.** — Dans l'Inde, on ré**p**ute infâme toute la caste des **p**arias, tous les **p**arias. — Voyez que de surgeons au su**p**erbe **p**latane qui orne la **p**lace **p**ublique! — Lamartine est un **p**oëte sublime **p**arfois.

63e Th. A l'écli**p**se totale, aux (1) é—t—.
A la **p**antoufle turque, aux (1) **p**—t—.
Au **p**rêtre res**p**ectable, aux **p**—r—.

Comme vous voyez par papa, lapin, *etc.* :
On emploie le plus souvent un p pour peindre l'articulation *p* au commencement et au milieu des mots.

67e **Dictée.** — Manon, vous ferez une am**p**le **p**rovision de ces **p**am**p**res rougeâtres, et vous les **p**orterez aux vaches. — Que le **P**oussin a bien observé la **p**ers**p**ective dans ce **p**aysage! — Le **p**otiron est une es**p**èce de courge.

§ II, *ou : Cette trou***pe** *se trom***pe** *de chemin.*

65e **Copie.** — Le roi-poëte psalmodia les cantiques divins devant une trou**pe** considérable d'Israélites, et déploya une pom**pe** royale. — La mou-

(1) Nota. Le pluriel de *à la,—à l',—au,* s'écrit par **AUX**.

che use de sa petite trompe comme d'une bouche.

64e Thème.

Une pom**pe** aspirante,	cent p—a—.
Une ju**pe** blanche,	deux cents j—b—.
A l'échar**pe** ondoyante,	aux é—on—.

Ainsi que vous le voyez dans troupe, trompe, *etc :*
Presque toujours on emploie **pe** à la fin des mots pour peindre l'articulation *p*.

68e **Dictée.** — Le pa**pe** réside à Rome. — Voulez-vous un potage à la semoule, ou de la sou**pe** au potiron? — Admirez, Justin, la crou**pe** élégante et souple, les jambes fines et nerveuses du palefroi de Radegonde.

54e LEÇON. — **R**,

§ Ier, *ou :* ***R****aton est prop****r****e jusqu'au sc****r****upule.*

66e **Copie.** — Mon Sévе**r**in, ne g**r**impez pas aux a**r**b**r**es, vous déchi**r**e**r**iez vot**r**e blouse, et vous vous éco**r**che**r**iez le visage; et puis, si vous tombiez, vous vous casse**r**iez peut-êt**r**e les b**r**as ou les jambes.

65e Th.

Mon sc**r**upule supe**r**flu,	mes—s—s—.
Ma se**r**ine ve**r**te,	mes—s—v—.
Une g**r**ande ba**r**que,	mille—g—b—.

Comme vous le voyez dans Raton, scrupule, *etc. :*
On emploie très-souvent un **r** pour peindre l'articulation *r* au commencement et au milieu des mots.

69e **Dictée.** — Le ci**r**on, un des plus infimes de tous les êt**r**es o**r**ganisés, est admi**r**able dans sa st**r**uctu**r**e; il **r**évèle la puissance sup**r**ême du Dieu qui le c**r**éa. — G**r**égoi**r**e, ne nous **r**épéte**r**ez-vous pas une longue ti**r**ade de **R**acine?

§ II, *ou : Mon frère, la lumière est du feu.*

67e **Copie.** — Dieu est notre père. — Le célèbre orfévre et ministre Éloi a fabriqué un riche siége qu'on admire au Louvre. — Le stère est un mètre cube. — Que de nègres près de la rivière !

66e Th. Ton amusante gageure, tes a—g—.
Ta verte chenevière, tes v—ch—.
Une large gibecière, mille l—g—.

Ainsi que vous le voyez dans frère, lumière, *etc.* :
On emploie très-souvent **re** pour peindre l'articulation *r* à la fin des mots.

70e **Dictée.** — La vache de votre fermière manque de litière, et sa mangeoire est vide. — Admire, ma chère tante, ces nuages de pourpre. — Côtoyez la rivière, le murmure de ses ondes vous charmera, ma mère.

55e LEÇON. — S AU COMMENCEMENT DES MOTS, *ou* :

= *Simon a salué Sargine à Spire.*

68e **Copie.** — **1°** Dieu a soin de moi et de toutes ses créatures. — Si vous achetez sept poires à deux sous, combien devrez-vous de sous à la fruitière? répondez, Silvio ! — Une sapinière est un lieu planté de sapins. = **2°** A la voûte de quelques cavernes, on trouve des stalactites superbes ; cela forme un spectacle magnifique, surtout à la lumière des torches. — Que votre antichambre est spacieuse !

67ᵉ Thème et 68ᵉ.

1.	**S**on (1) aveu **s**incère,	**s**es (1) a—**s**—.
	Son **s**uperbe **s**urgeon.	**s**es **s**—**s**—.
	Son gracieux **s**pectacle,	**s**es gr—**s**—.
2.	**S**a (1) **s**ouris **s**avante,	**s**es **s**—**s**—.
	Sa **s**ource limpide,	**s**es **s**—l—.
	Une **s**pirale régulière,	huit **s**—r—.

Ainsi que vous le voyez dans **Sargine, salué, Spire,** *etc.* :
Au commencement des mots on emploie le plus souvent un s pour peindre l'articulation *s*.

71ᵉ **Dictée.** — 1° L'Etna est un volcan de la Sicile: — Le **s**ucre est une **s**ub**s**tance **s**avoureu**s**e. — Lorsque **S**argine voyagea, visita-t-il **S**amarcande, ou bien **S**urate dans l'Inde? — Évitez toujours le **s**candale. = 2° **S**implice, il y a d'admirables **s**apins **s**ur les Alpes-**S**candinaves. — Vous me tracerez **S**amedi deux **s**pirales, **S**colastique. — Admirez avec moi l'admirable **s**pectacle de la nature !

56ᵉ LEÇON. — **SS** AU MILIEU DES MOTS ENTRE DEUX VOYELLES DONT LA SECONDE EST **a, o, u,** *ou* :

= *Remi pa**ss**a par I**ss**oire, je t'a**ss**ure.*

(Faire redire le nom des voyelles.)

§ Iᵉʳ. 69ᵉ **Copie.** — **ss** *avant* **a.**

L'obéi**ss**ance est la première vertu de votre âge. — Marguerite la glaneuse ram**assa** quatre gerbes d'épis oubliés, et elle ra**ss**asia elle et sa mère. — Écoutez la colombe gémi**ss**ante qui

---

(1) Dans **son** *sourire,* **sa** *grâce,* **ses** *prières, tout charme; remarquez, enfants, que:*
Le pluriel de **son** et de **sa** est **ses** commençant par un **S**.

roucoule. — La musique vocale a pour ma mère un charme indéfini**ssa**ble. — Qui ca**ssa** ces branches d'acacia ?

69e Thème. — SS *avant* **A.**

Son (1) dangereux p**assa**ge,	ses (1) d—p—.
Sa (1) girafe col**ossa**le,	ses (1) g—c—.
Une dangereuse gl**issa**de,	mille d—gl—.

Comme vous le voyez dans passa, Issoire, assure, *etc.* :
On emploie en général ss pour peindre l'articulation *s* au milieu des mots entre deux voyelles dont la seconde est *a, o, u*.

---

§ II. — 70e Copie. — ss *avant* o.

Marins, vous devez aux Chinois la découverte de la bou**sso**le. — L'a**sso**cié de Soulange sucre son café avec de la ca**sso**nade. — Le râle se cache dans l'orge, dans l'avoine, dans les bui**sso**ns surtout. — C'est quand la cui**sso**n en est incomplète que la viande est rougeâtre.

70e Thème. — SS *avant* **O.**

Le mariage ind**isso**luble,	les m—in—.
Sa longue gl**isso**ire,	ses l—g—.
Son mélodieux b**asso**n,	cent m—b—.

§ III. — 71e Copie. — ss *avant* u.

Monique m'a a**ssu**ré que le roi A**ssu**r, i**ssu** de Sem, a gouverné les Ninivites. — Je vous a**ssu**re que notre a**sso**cié est i**ssu** d'une race noble de Bre**ssu**ire, et non d'I**sso**udun ni d'I**sso**ire. — Dieu est au-de**ssu**s de tous les monarques. —

---

(1) Voyez la note de la page 75.

Essuyez vos larmes, cette **blessure** ne sera rien.

71e Thème. — SS *avant* **U.**

Son **tissu** fin,	ses t—f—.
Sa bl**essu**re sanglante,	ses b—s—.
Un prince **issu** de...	sept p—**i**—de...

Voyez la règle placée après le 69e Thème.

72e **Dictée.** — **1°** Ayez pour la loi de Dieu une obé**issan**ce complète. — Longez cette petite rivière, vous trouverez sur ses rives du cr**esso**n, je vous **assu**re. — Simon, on vous punira de votre désobé**issan**ce. = **2°** La mare qui est près des prés servira pour le rou**issa**ge de votre chanvre. — Réparez ces longues et larges **fissu**res, Martin, ou votre cabane s'écroulera.

73e **Dictée.** — **1°** Lorsqu'il voyagea dans les Alpes, mon cousin Gustave y **essu**ya un orage épouvantable : la foudre, **assourdissan**te autant que dangereuse, gronda au-**dessu**s de sa tête; mais sa confiance en Dieu le **rassura.** = **2°** Mon papa, combien chaque **poisson** a-t-il de jambes? Le **poisso**n n'a pas de jambes, Émile, le **poisso**n a des nageoires. — Que de chênes antiques et **moussus** !

74e **Dictée.** — **1°** R**assu**rez-vous sur la santé d'Anna; elle ne **cessa** de boire des tisanes rafraî-ch**issan**tes. — Juste, vous ne ferez que quatre ou cinq gl**issa**des sur cette gl**issoi**re. = **2°** Que d'éclab**oussu**res vous avez, Ursule ! — Le crabe n'est pas un **poisso**n, car un **poisso**n a toujours des nageoires ; le crabe est un crustacé. — Que voilà une délicieuse boîte en palissandre !

75e **Dictée. — 1°** Un pigeon à la gorge changeante voltigea longtemps dans ces lieux ; vingt fois il passa et repassa au-dessus de nos têtes. = **2°** On fabrique des cordages et des tissus avec des fibres d'écorces d'arbre. — La moisson sera-t-elle abondante ? — Mimi sera toujours bien obéissante, bien caressante, n'est-ce pas ?

57e LEÇON. — S AU MILIEU DES MOTS :

1° avant une consonne, — 2° après une consonne, mais suivi de **A, O, U,**

§ Ier, *ou : Rostopchin brûla Moscou par patriotisme.*

72e Copie.

Jusqu'à la 96e copie mettre alternativement dans les dictées un *s* sous chaque substantif, un *a* sous chaque adjectif.

1° Le livre de religion de l'Islamisme est le Coran. — Ouvrez les fenêtres, Justine, et vous activerez la combustion du charbon. — Il est coupable celui qui transgressa la loi de Dieu. = **2°** Conduirez-vous votre cousine la strasbourgeoise du côté de l'Obélisque ? = Le despotisme a obscurci la gloire de ce roi. — Un lustre est un espace de cinq ans. — Salomon, roi des Israélites, a composé des cantiques sacrés.

72e Th. Mon domestique obstiné, mes d—o—.
Ma savante institutrice, mes s—in—.
Une liste complète, deux mille l—c—.

Remarquez, par les mots Rostopchin, Moscou, patriotisme, *etc.*, *que :*

Pour peindre l'articulation *s* avant une consonne on emploie généralement un **s**.

76e **Dictée.** — **1°** Aristide-le-Juste a vécu dans la Grèce. — La rate est une substance spongieuse. — Savez-vous que l'Irlande est une île très-froide, Scolastique ? — Aristobule a été roi des Juifs. = **2°** L'astre aux rayons dorés a disparu ; nous voilà, Constance, dans une obscurité complète. — Lorsque l'Islamisme pénétra dans le midi de la France, qui le repoussa ? Nos barons, leur patriotisme !

---

§ II, *ou : Qui* **versa** *ce vin sur la* **consol***e,* **Ursul***e ?*

73e Copie. — SA *après une consonne.*

Le coupable Absalon se révolta contre son père, et le roi-psalmiste versa des larmes abondantes sur l'ingratitude d'Absalon plus que sur lui-même. — Cousez mieux le corsage de votre robe rose.

73e Th. Ton docte persan, tes d—p—.
Ta mansarde étroite, tes m—é—.
A l'île insalubre, aux î—in—.

Comme vous le voyez dans versa, console, Ursule, *etc.* :

Après une consonne on emploie en général un **s** pour peindre l'articulation *s* quand après le **s** on voit un *a*, un *o* ou un *u*.

74e Copie. — SO *après une consonne.*

Gustave, consolez-vous ! — Voyez ces six ou sept jeunes oursons bruns à côté de leurs mères.

— Le mar**so**uin se trouve souvent dans la Manche. — Anatole, essuyez vos larmes, voilà un joli pi**nson** qui chante sa petite cha**nson**.

74e Th. Ma joyeuse cha**nson**, mes j—ch—.
Ta débitrice i**nso**lvable, tes d—in—.
Au roi a**bso**lu, aux r—a—.

Voyez la règle placée après le 73e thème.

75e **Copie.** — **su** *après une consonne.*

On est sage tant que l'on co**nsu**lte son père. — La mo**rsu**re de la vipère est dangereuse. — Espiègles, qui de vous dérangea mes deux ca**psu**les? — **Ursu**le, la province d'Aragon ne s'i**nsu**rgea-t-elle pas?

75e Th. Mon a**bsu**rde gageure, mes a—g—.
Ton obstacle i**nsu**rmontable, tes o—in—.
Son i**nsu**lte gratuite, ses in—g—.

77e **Dictée.** — **1°** Il y a beaucoup de reptiles dont la mo**rsu**re n'est pas dangereuse. — Une parole sèche pe**rsu**ade peu, une parole froide ne co**nso**le pas les infortunés. — Écoutez les joyeuses cha**nsons**! voilà la fin de la moisson. = **2°** Vous me co**nso**lerez, mon Adèle, comme la charmante petite Noémi co**nso**le sa maman. — Le roi des Pe**rsa**ns gouverne d'une manière despotique. — Lorsque vous sortez, co**nsu**ltez toujours votre baromètre.

78e **Dictée.** — **1°** Le mar**so**uin n'est pas un poisson. — On trouve encore quelques Guèbres parmi les **Persans**, le Guèbre adore le feu. — On ne résiste point à la volonté d'un monarque **ab**-**solu**. — Qui **versa** tant de vin à ma petite Clara? cela est **absurde**. = **2°** Qui logera-t-on dans ces étroites **mansardes**? — Constantin a agi par boutades; il s'est montré **insociable**, aussi, voyez, chacun l'a fui. — Vous ne direz jamais aux domestiques de paroles **insultantes**.

58e LEÇON. — C APRÈS UNE VOYELLE — ET AVANT e, i, *ou* :

= *Suivez les* **préce***ptes de la méd***ecine**.

76e **Copie.** — **1°** La charité est de **précepte** divin. — Ce lieu est tout bordé de dangereux **précipices**; prenez-y bien garde, **Lucile**, ou vous tomberiez. — Vous **recevrez** toujours avec **docilité** les avis de votre père. = **2°** On a purgé Francine avec deux méd**ecines** noires, et l'on **acidule** ses tisanes. — La foudre est produite par l'électr**icité**. — Ne soyez jamais ind**oci**les ni in-**souci**antes, mes cheres ni**èces**.

76e Thème. — C *devant un* E.

Notre longue pr**océ**dure,	nos l—p—.
Notre vin **ace**rbe,	nos v—**a**—.
Un sage pr**éce**pte,	deux cents s—p—.

77e Thème. — C *avant un* I.

Votre méd**eci**ne noire,	vos m—n—.
Votre capr**ici**euse comète,	vos c—c—.
Un vieux clav**ecin**,	deux cent un v—c—.

Ainsi que vous le voyez dans précepte, médecine, *etc:*
Après une voyelle on emploie le plus souvent un c devan *e* ou un *i* pour peindre l'articulation *s*.

79e **Dictée.** — **1°** L'amitié des bons est **pré**cieuse. — Dieu **préci**pita dans les abîmes les anges indo**ci**les à ses lois, comme il chassa de son joli jardin la désobéissante Ève, et son trop do**ci**le mari. La chute des anges pré**cé**da le Déluge. = **2°** Le tigre est d'une grande féro**ci**té. — Il y a près de chaque pôle une large zone gla**ci**ale. — Ne mangez jamais de prunes peu mûres, et a**ci**des encore. — Vous suivrez toujours les pré**ce**ptes de l'Évangile.

59e LEÇON. — T (au lieu de S) DANS LES MOTS FINISSANT EN tion, *ou :*

= *La* **nation** *juive a vécu sous la domin***ation** *du roi de Ninive.*

77e **Copie.** — **1°** Dieu lui-même a placé dans notre âme les premières n**otions** du juste et de l'injuste. — Sara fera un nombre considérable de ces abl**utions** prescrites par la loi à la **nation** juive. = **2°** La navig**ation** de la Manche est souvent dangereuse. — Lorsque vous répèterez des fables, évitez cette récit**ation** monotone qui est si désagréable. — La Cré**ation** précéda le Déluge de plus de vingt siècles.

78e Thème et 79e.

1. La respectueuse salut**ation**, les **r—s—.**

	Leur pernicieuse indiscr**étion**,	leurs p—in—.
	Leur indispos**ition** passagère,	leurs in—p—.
	Une **potion**;	trois cents p—.
2.	Une **notion** première,	cent n—p—.
	L'inébranlable résol**ution**.	deux cents i—r—.
	Une pénible déce**ption**,	deux cent trois p-d-.

Ainsi que vous le voyez dans nation, domination, fraction, *etc:* A la fin des mots on écrit généralement *sion* par **tion**.

78e **Copie.** — **1°** Étudiez-vous les fr**actions** décimales? — Avez-vous lu l'**action** courageuse de cette jeune captive qui traversa le Tibre à la nage pour rejoindre ses compatriotes? — On fabrique, pour les marins, des montres d'une admirable perfe**ction.** = **2°** Le diacre qui ondoya Anastase recevra ce matin l'on**ction** sacerdotale. — La loi que vous réclamiez est utile, la réda**ction** en est faite; il ne lui manque que la dernière san**ction**: elle la recevra, c'est ma convi**ction.**

80e Thème et 81e.

1.	Notre utile pon**ction**,	nos u—p—.
	Votre rare perfe**ction**,	vos r—p—.
	Leur convi**ction** profonde;	leurs c—pr—.
2.	Une déco**ction** légère,	mille d—l—.
	Une **action** courageuse,	deux mille a—c—.
	Une fr**action** décimale,	trois mille f—d—.

Voyez la règle qui suit le 78e thème, et le 79e.

80e **Dictée.** — **1°** Qui n'admet les prodiges de la Cré**ation**? — La première prédic**ation** des Apôtres a converti bon nombre de Juifs. — Notre globe opère en douze mois, ou un an, sa rév**olution** autour de l'astre aux rayons dorés. —

Prenez votre récré**ation**, mes amis ! = **2°** Dans ses simples et sublimes fon**ctions**, la religieuse soulage les infortunés dans leurs indispos**itions**, forme à toutes les vertus de leur pos**ition** une multitude d'élèves trop souvent indociles, visite les misérables, et leur inspire des résol**utions** sages, et pieuses même bien souvent.

81ᵉ **Dictée.** — **1°** Recherchez la perfe**ction** dans toutes vos **actions**, Caroline; cette noble amb**ition** est fort permise. — Napoléon Iᵉʳ a imposé sa domin**ation** à presque toutes les n**ations** de l'Europe, chacune d'elles a payé à la France d'onéreuses contrib**utions** = **2°** Il y a des régions de l'Amérique où l'on ne trouve qu'une rare popul**ation**. — **L'onction** royale a consacré un pâtre chef de la n**ation** juive. — Elle est aussi complète qu'admirable l'abnég**ation** de la religieuse qui ne cherche que Dieu dans toutes ses a**ctions**.

60ᵉ LEÇON. — SSE A LA FIN DES MOTS EN esse, *ou :*

*La négr***esse** *de la princ***esse** *est morte.*

79ᵉ **Copie.** — **1°** Dans sa première jeun**esse**, Robinson Crusoé, par son peu de sag**esse**, d'obéissance et de docilité, par son obstination et sa par**esse**, tomba dans une grande détr**esse** : il voyagea à l'insu de son père, et son navire échoua près d'une île déserte. = **2°** Robinson ne trouva dans cette île ni roi, ni prince, ni princ**esse**; ni frères, ni amis; ni vaches, ni chèvres, ni moutons, ni poules; il n'y trouva pas un âne, pas une ân**esse**, pas même un lion, un tigre ou une tigr**esse**...

82e Thème. Votre stérile prom**esse**, vos s—p—.
Leur féroce ogr**esse**, leurs f—o—.
A la docte druid**esse**, aux d—d—.

Comme vous le voyez dans négr**esse**, princ**esse**, *etc:*
On emploie le plus souvent **s s e** à la fin des mots terminés en *èce*,

82e **Dictée.** — **1°** Dans la France antique une population nombreuse a obéi aux druides et aux druid**esses**. — Votre ân**esse** à dérangé sa mangeoire. — Parlez toujours aux domestiques avec polit**esse**; l'impolit**esse** dénote le manque d'éducation. = **2°** Si vous devenez malpropre, Gaston, vous ne serez pas joli ; vous ne recevrez plus mes car**esses**. — La dogar**esse** est la femme du doge, comme la princ**esse** est la femme du prince ; la duch**esse** et la femme du... devinez?

61e LEÇON. — CE A LA FIN DES MOTS *en* ace BREF, *en* ice, *en* ance, *en* ince, *en* once,

ou : = *Goûtez cette gl***ace**, *Al***ice** *et Const***ance**.

80e **Copie.** — **1°** L'Océan couvre bien plus de la moitié de la surf**ace** du globe, Sulp**ice**. — La jeunesse est sans prévoy**ance**. — Voilà des jeux de pr**ince**; on respecte un moulin, on vole une prov**ince**. — L'**once** est féroce, la louve vorace. = 2° Simpl**ice**, lorsque vous pêcherez des crabes, prenez garde à leurs p**inces** ! — L'are est l'unité des mesures pour les surf**aces** ; l'are a dix mètres de chaque côté, Lé**once**. — Erm**ance**, avez-vous lu dans l'*Adroite Princesse* que la défi**ance** est mère de la sûreté ?

83e Thème, 84e et 85e

1.	Ma gl**ace** savoureuse,	mes g—s—.
	Ta longue préf**ace**,	tes l—p.
	Son lâche compl**ice** ;	ses l—c—.
2.	Leur sage institutr**ice**,	leurs s—in—.
	Une énorme p**ince**,	deux mille é—p—.
	Une m**ince** tartine ;	deux cents m—t—.
3.	Le vaste quinc**once**,	deux cent quatre v—qu—.
	A la croy**ance** générale,	aux c—g—.
	A l'assur**ance** perfide,	aux a—p—.

Ainsi que vous le voyez dans **glace, Alice, Constance, quinconce** *etc:*

On emploie généralement **c e** pour peindre l'articulation *s* à la fin de *beaucoup* de mots en *ace* bref ; — et la fin des mots en *ice*, en *ince*, en *once*, en *ance*.

Nota. *Il y a aussi beaucoup de mots en* **ence**, *comme* **prudence, démence, violence**, *etc.*

83e **Dictée.** — **1°** Selon sa volonté et son capr**ice**, le poisson plonge dans l'Océan ou s'élève à la surf**ace**. — L'inconst**ance** est fort nuisible. — Que de lim**aces** dans le jardin ! Br**ice**, ôtez-nous ces bêtes dégoûtantes. — La Fr**ance** domine dans une des prov**inces** barbaresques de l'Afrique. = **2°** Il y a dans les Alpes d'épouvantables précip**ices** ; vous ne les éviterez, Lé**once**, que par la prévoy**ance** et la sagesse de vos guides, et par votre docilité à suivre leurs avis. — Ah! voyez donc Simplice qui se regarde dans la glace! — Constance, le liège surnage toujours,

62e LEÇON. — RÉCAPITULATION DU **S**, — et 1° **CE** DEVANT UN SUBSTANTIF, *ou :*

= *Prenez* **ce** *dé*, **cet** *étui*, **cette** *pelote, et* **ces** *petites épingles*; — **celles**-*ci*.

81e **Copie.** — Sidoine, sortez de **ce** passage. — Admirez **ces** blés et **ces** riches moissons. — Que **ce** tissu est fin et souple! Regardez **celui**-ci, Soulange, et non **celui**-là. — Où achetez-vous **ces** jolis tissus-là, ma tante?

86e Thème. **Ce** spectre épouvantable, **ces** s—é—.
Ce fidèle associé, **ces** f—a—.
Ce poltron rassuré, **ces** p—r—.

Vous le voyez :
Le mot *ce* devant un substantif ou un adjectif s'écrit par **c e**.

82e **Copie.** — L'ouragan a déraciné **cet** arbre-ci et **ces** quatre arbustes que voilà. — Béatrice, admirez avec nous **ce** lion à la crinière ondoyante, **cet** élan si agile, **cette** énorme girafe, **ces** gracieuses antilopes, **ces** tigres, **ces** zèbres, **ces** sapajous, **ces** mouflons venus de la Corse.

87e Thème. **Cet** agile marsouin, **ces** a—m—.
Cet astronome tonsuré, **ces** a—t—.
Cet indou peu rassuré, **ces** in—p—r—.

Le mot *ce* s'écrit par **cet** devant un substantif, ou un adjectif, qui commmence par une voyelle.

83e **Copie** — Scolastique, nombrez **cette** fraction décimale; nombrez sans distraction **ces** quatre fractions décimales. — **Cette** sorte de coupe verte ou verdâtre que vous voyez sous **ces** campanules en est le calice.

88e Th. **Cette** ridicule promesse, **ces** r—p—.
Cette glace médiocre, **ces** g—m—.
Cette utile association, **ces** u—a—.

On écrit **cette**, au lieu de *ce* ou *cet*, devant les mots féminins (C'est-à-dire lorsque *cette* pourrait être remplacée par *une*) (1).

84e **Dictée.** — **1°** Admirez, Ursule, **ce** chêne, **ce** platane, **cet** érable gigantesque ; **celui-ci**, et tous **ceux** que vous voyez là; puis dans **ce** pré **cette** vache blanche et **ces** cinq vaches noires; **ces** chèvres grimpantes et capricieuses, **ces** moutons, **ces** brebis, **ceux**-ci et **celles**-ci. = **2°** Que **cet** ânon est obstiné et indocile ! Qui nous a amené dans **ces** lieux tous **ces** indociles ânons? — Maman, achetez-moi, si vous voulez, **ce** casque doré et **cet** arlequin, **celui**-ci; — ou bien **ces** charmantes flèches. Voulez-vous **ceux**-ci, ou **celles**-ci?

63e LEÇON. — RÉCAPITULATION DU S,

ET — 2° **CE** DEVANT UN MOT DU VERBE **ÊTRE**, *ou* :

= *Vos épingles, si* **ce** *n'est pas pour Alice*, **ce** *sera pour moi.*

84e **Copie.** — **1° C**'est avec le lin qu'on fabri-

---

(1) *Remarquez, enfants que :*
Le pluriel de **ce**, **cet**, **cette**, est toujours **ces** écrit par **ces**.

que la toile la plus fine, le linon, la batiste, etc. — **Ce** sera Dieu qui nous jugera tous à la fin des siècles. — **C'**est la politesse qui nous charme dans la société, Béatrice. = **2°** **C'**est dans la Bible que vous avez lu la Création du monde, la punition et la destruction de tous les coupables par le Déluge; **ce** sera là que vous trouverez la Vocation du patriarche, père des Juifs. — **C'**est mon frère qui chassa ces lièvres, et **c'**est Diane qui nous les porta dans ces lieux.

Comme vous le voyez dans **c'**est, **ce** sera, *etc.* :
Le mot *ce* s'écrit toujours par **ce** ou par **c'** devant *est*, *sera*, et tout autre mot dépendant du verbe être, — lorsque le mot dépendant du verbe *être* est ajouté à *ce*,

85ᵉ **Dictée.** — **1°** Ces poissons rouges que maman acheta, **c'**est pour Léonce. — **Ce** sera avec mes neveux que vous mangerez ces brioches délicieuses, ces meringues, ces prunes et les pêches bien mûres que vous voyez sur cette table; **c'**est bon, savez-vous, toutes ces choses-là! = **2°** Un témoin invisible préside à toutes nos actions, **c'**est Dieu lui-même : ce témoin invisible, ce Dieu suprême, **ce** sera notre juge à tous; un juge sévère pour les coupables, mais un véritable père pour les bons.— Ce qui vous manque, Simon, **c'**est de la politesse.

64e LEÇON. — SUITE DE LA RÉCAPITULATION DU **S**, — ET 3° **SE** DEVANT UN VERBE (AUTRE QUE ÊTRE), *ou :*

= *Voyez ce lièvre qui* **se** *cache dans les bruyères.*

85e **Copie.** — 1° Voyez cet âne qui **se** prélasse près de cette négresse ! — La petite Lucile **se** coupa elle-même les ongles, et elle **se** blessa; voilà où mène la désobéissance. — L'idolâtre stupide **se** prosterne devant une impuissante image, et il l'adore. = 2° Celui qui **se** livre à la paresse, et qui reste dans l'inaction, périra misérable. — Ambroise **se** fraya des chemins au milieu de ces ronces et de ces épines, et il **s'**écorcha. — Moustache a poursuivi le serin, qui s'est (1) réfugié dans ma chambre.

Comme vous le voyez dans il **se** cache, il **se** prélasse, *etc.*:
Le mot *ce* s'écrit par **s e** devant un mot d'un verbe (qui ne fait pas partie du verbe *être*).

86e **Dictée.** — 1° La mémoire de l'inondation générale, ou Déluge, **se** conserva chez presque toutes les nations du globe. — Le prince pourchassa longtemps une biche, mais à la fin il **se** lassa. — L'élève docile **s'**instruira. — Le lin **se** file en France à la mécanique. = 2° Le moyeu de notre calèche **se** brisa au milieu du voyage. — Notre mère Ève **se** montra désobéissante, et Dieu la chassa du jardin des délices. — Celui qui

(1) Ici le mot du verbe *être* est ajouté à *qui*, (et non à *s'*), — voilà pourquoi l'on n'a pas dû y écrire *s'* par un **c** devant *est*.

se montra toujours véridique **se** concilia l'estime publique et la confiance générale.

65e LEÇON. — **T**, — ET PLURIEL DU VERBE **EST**, *ou* :

= *Ah! que* ton *mouton* **EST** *une stupide bête!*

Oui, les moutons **SONT** *bien stupides.*

86e **Copie et 89e Thème.** — Ce n'est pas celui qui se prosterne sans cesse qui sera justifié, Marguerite ; c'est celui qui observe avec fidélité la loi de Dieu.

Ce malin ouistiti,	ces m--ou—.
Sa tarte cuite,	ses t—c—.

Ainsi que vous le voyez dans ton, mouton, bête, *etc.* :
L'articulation *t* se peint généralement par un **t** au commencement et milieu des mots; — et à la fin des mots elle se peint presque toujours par **t e**.

87e **Copie et 90e Thème.** — Martin t'assure que le cloporte **est** un crustacé, que le crustacé **est** une espèce particulière d'êtres; mais ces crustacés **sont**-ils des insectes?

Ce tambourin **est** agréable,	ces **t** — **sont** a—.
Cet étui **est** incrusté,	ces é—**sont** in—.
Cette galère **est** turque,	ces g—**sont** t—.
Sa redingote **est** en alpaga,	ses r—**sont** en a—.

Retenez bien que :

On écrit par SONT le verbe pluriel qui s'écrit au singulier par EST.

88e **Copie.** — **1°** Maman, l'étoile que voilà **est** très-éblouissante! Toutes les étoiles **sont** éblouissantes, Ernestine. — Antoine **est** obstiné ! Que les obstinés **sont** donc détestables. = **2°** Écoutez, Artémise ; parmi les astres, on distingue des planètes ; Mercure, Saturne, Junon, etc., **sont** des planètes. C'**est** Mercure qui **est** la plus petite des planètes; les plus grandes **sont** Saturne, Jupiter, etc.

87e **Dictée.** — **1°** L'âne de ma tante **est** fort têtu. — Tous les ânes **sont** obstinés, têtus et indociles, mais ils **sont** infatigables et fort sobres. — Tous les infortunés **sont** les amis du bon Dieu. = **2°** L'insecte **est** une petite bête ; la mouche **est** un insecte, les fourmis **sont** des insectes aussi. — Les êtres animés les plus nombreux **sont** les insectes, il y en a une multitude. — Les branches des arbres en **sont** comme les bras.

66e LEÇON. — V, *ou* :

= *Les* **v***aniteux sont dupes de leur* **v***anité même,* *Gene***v***iè***v***e.*

89e **Copie.** — La nation des **V**andales a ravagé la moitié de l'Europe, le sa**v**iez-**v**ous, I**v**an et **V**ictorine ? — Les **v**ipères et les crotales (serpents à sonnettes) sont **v**enimeux. — Le soufre, comme la la**v**e, se trou**v**e en abondance dans le **v**oisinage des **v**olcans.

91e Thème.

Cette **v**ergeure est **v**isible, ces **v**— sont **v**—.

Son action est **v**ertueuse, ses a—s—**v**—.
Votre rê**ve** est pénible, **v**os r—s—p—.

Vous le voyez par **v**aniteux, **v**anité, Gene**v**iè**ve**, *etc* :
L'articulation *v* se peint généralement par un **v** au commencement et au milieu des mots; — et à la fin des mots elle se peint par **ve**.

88e **Dictée.** — Lorsqu'une plante a **v**écu, ou plutôt **v**égété quelques mois, et qu'elle a perdu toute sa sè**ve**, elle se dessèche et tombe morte. — C'est Gene**v**iè**ve** qui est s**v**elte et **v**i**ve** ! **v**oyez comme elle s'élance **v**ite sur les ri**ve**s de ce fleu**ve** !

67e LEÇON. — X, *ou* :

= *Ale**x**andre, né* à *Me**x**ico, visita la Sa**x**e.*

90e **Copie.** — 1° N'e**x**igez jamais rien que de juste de vos amis. — Ale**x**andrine a une timidité e**x**trême. — Les mines sont des e**x**cavations très-profondes dont on retire des substances utiles et souvent précieuses. Les mines du Me**x**ique et du Pérou sont des plus riches. = **2**° L'e**x**actitude est la politesse des rois. — Ma**x**imin, les pôles sont les e**x**trémités de l'a**xe** de notre globe. — Parmi les astres, on distingue les étoiles fi**xe**s et les planètes; l'étoile fi**xe** ne change jamais de place relative, mais chaque planète opère une révolution.

92e **Thème et 93e.**

1. Leur relation est e**x**acte (1), leurs r—s—e—.
L'e**x**ilé est misérable, les e—s—m—.

---

(1) *Remarquez que :*
On ne met jamais d'accent sur l'**E** qui est avant un **x**.

Votre **exclamation** est **extravagante**; vos e—s—e—.

2. Leur **exercice** est forcé, leurs e—s—f—.
Cette fête est **expiatoire**, ces f—s—e—.
Sa **taxe** est **fixe**, ses t—s—f—.

Comme vous le voyez dans **Alexandre, Saxe,** *etc :*
L'articulation double *c-s* ou *g-z* se peint généralement par **x** au commencement et au milieu des mots; — et à la fin elle se peint presque toujours par **x e**.

89e **Dictée.** — **1°** Maxime, notre globe tourne sur lui-même ou sur son **axe**, cette rotation est journalière. — Alexandre, roi de Macédoine, a établi sa domination jusque près des extrémités de l'Inde. — Maximin a demandé l'extrême-onction. = **2°** Napoléon Ier, a vécu six ans exilé dans une île, à l'extrémité du monde. — Il y a une très-grande distance entre les étoiles fixes et notre globe. — Mexico est la capitale du Mexique, dans l'Amérique.

68e LEÇON. — **Z** AU COMMENCEMENT DES MOTS, *ou* :
= **Z***oé a un manchon de* **z***ibeline.*

91e **Copie.** — **1°** C'est le sage persan **Z**oroastre qui a réformé la religion des Perses, dite religion des Mages. — **Z**ulime, la **z**ibeline est une sorte de martre qui s'achète dans les régions glaciales. = **2°** Presque toutes les bêtes du Jardin-des-Plantes sont étrangères; les **z**ébus bossus sont venus de l'Inde ou de l'Afrique, c'est de l'Afrique aussi que sont venus les **z**èbres rayés.

94e Thème.

Le **z**èbre est rayé,	les **z**—s—r—.
Ce **z**éro est mal placé,	ces **z**—s—mal p—.
La **z**one glaciale,	les deux **z**—g—.

Ainsi que vous le voyez dans **Zoé, zibeline,** *etc. :*
Au commencement des mots on emploie toujours un **z** pour peindre l'articulation *z*.

90e **Dictée.** — **1°** Les apôtres de l'Évangile se sont montrés très-**z**élés dans leurs prédications. — On recherche les **z**ibelines les plus noires. — Voyez, **Z**élime, ce caractère 0, c'est un **z**éro. = **2°** Les Guèbres sont les restes de la nation persane; le Guèbre a conservé la religion de **Z**oroastre, le culte du feu. — Avez-vous admiré chez l'oncle de **Z**élia un superbe **z**odiaque parmi ses antiquités?

69e LEÇON. — S EMPLOYÉ POUR Z AU MILIEU ET A LA FIN DES MOTS, *ou :*

= *Ro***si***ne, mangez cette exq***uise** *fram***boise.**

92e **Copie.** — **1°** Secourez le mi**s**érable qui vous implore dans ses be**s**oins. — Ma chère Ro**s**alba, vous ne serez jamais moqu**euse**, n'est-ce pas? — Une **usine**, c'est une forge, un moulin, etc. = **2°** Votre **cousin Basile** regarda avec convoiti**se** mes meri**ses**, mes framb**oises**, mes **fraises**; et il m'en déroba même quelques-unes, car sa gourmandi**se** est extrême. — Ven**ise** est cur**ieuse**, mais triste.

95e **Thème.**

Cet **usage** est **nuisible**, ces u—s—n—.
L'**usine** de ma **cousine**, les deux cents **u**—de mes **c**—.
La fram**boise** rougeâtre, deux cent dix f—r—.

Comme vous le voyez dans Rosine, exquise, framboise, *etc*:
Entre deux voyelles et au milieu des mots l'articulation *z* se peint presque toujours par un **s**; — mais à la fin des mots elle se peint par **s e**.

91e **Dictée.** — **1°** Les **Osa**ges sont une petite nation de l'Amérique : avez-vous vu des **Osages**, É**lisa**? — Les Mouches, les **cousins**, etc., sont des insectes par**asites**. — Lou**isa** a **visité** avec **Rose** ces énormes navires qui sont sur la Ta**mise**. = **2°** Mon **Isi**dore, la **rose** simple, ou églantine, n'a que cinq pétales. — **Gisè**le, ne vous montrez jamais curi**euse**, la curi**osité** a perdu notre première mère, et puis les curieux sont mépri**sés** de tous.

70e LEÇON. — Z ET S. — RÉCAPITULATION.

93e **Copie.** — **1°** Ma cou**si**ne, pré**s**erverez-vous vos cloi**sons** de la moi**sissure** dans l'obscurité, dans ces lieux **s**ombres? — Nous voici dans la mou**sson** pluvi**euse**. — Mangez du cre**sson**, mais avec me**s**ure, Ambroi**si**ne. = **2°** **S**argine et **Z**oé, **s**oyez bien a**ss**urés que Dieu a répandu avec profu**s**ion sur toute la **s**urface de notre globe les plantes utiles à ceux qui **s**ont malades ou indispo**sés**.

92e **Dictée.** — **1°** Ne naviguez pas vers les

Indes pendant la mousson pluvieuse! — La cangue est une espèce de carcan portatif, en usage surtout en Chine. — Isoline, ôtez la moisissure qui est sur la tête de cette carpe. = **2°** Zoé, soyez obéissante, et vous recevrez de moi ces deux gracieuses mésanges. — Le datura est une plante vénéneuse, un poison redoutable. — Lorsque le poisson agite ses nageoires, il avance ou recule à volonté.

93e **Dictée.** — **1°** Les moissons abondantes sont une bénédiction de Dieu. — Lorsqu'on gronde la petite Ambroisine, elle tombe en pâmoison, elle a des spasmes nerveux; elle est bien ridicule, la petite Ambroisine! = **2°** Oui, l'Évangile a flétri l'usure, je vous en assure, Rosa; et il déclare le mariage indissoluble. — Voyez, Louison, la toison de vos brebis reste après ces buissons! — Élisa, cachez-vous derrière cette palissade.

71e LEÇON. — **GN,** *ou :*

= *Bourgui***gn***on, soi***gn***ez bien votre vi***gn***e.*

94e **Copie.** — **1°** Prenez garde, A**gn**an, Raton vous égrati**gn**era! — La dague est une arme espa**gn**ole. — Avez-vous admiré le ma**gn**ifique obélisque sur la place de la Révolution? — Mes croqui**gn**oles sont délicieuses, qui les croquera? C'est moi. = **2°** Le cochon a gro**gn**é longtemps ce matin. — **Ignace** est un des plus riches **vignerons** de la Champa**gne** et de la Bour**gogne**, chacun lui témoi**gne** de la considération. — La ci**gogne** a les jambes longues et minces.

Écoutez bien, petits amis : Il y a des substantifs devant lesquels on peut mettre **un** *ou* **le**; — *il y a des substantifs devant lesquels on peut mettre* **une** *ou* **la**.

Hé bien!

Le substantif est MASCULIN quand on peut mettre devant lui UN ou LE; Ainsi : *chat, tableau,* sont des substantifs masculins, puisqu'on peut dire : *Un* chat, *le* chat; *un* tableau, *le* tableau.

Le substantif est FÉMININ quand on peut mettre devant lui UNE ou LA; Ainsi : *chatte, table,* sont des substantifs féminins, puisqu'on peut dire : *Une* chatte, *la* chatte; *une* table, *la* table.

96e Thème et 97e.

Dans ces thèmes, mettre *m* sous les substantifs masculins.

1.	Ce ro**gn**on est brûlé,	deux cent un r—s—b—.
	Un champi**gn**on vénéneux,	deux cents ch—v—.
	L'action i**gn**ominieuse;	les a—i—.
2.	Cette ma**gn**ifique monta**gne**,	ces m—m—.
	Sa duè**gne** est gro**gn**on,	ses d—s—g—.
	Ce vi**gn**eron est ivro**gne**,	ces v—s—i—.

Ainsi que vous le voyez dans Bourgui**gn**on, soi**gn**ez, vi**gne**, *etc.*: On emploie toujours **gn** pour peindre l'articulation *gn* au milieu des mots, — et à la fin des mots on l'écrit toujours par **gne**.

94e Dictée.

Dans cette dictée, mettre *f* sous les substantifs féminins.

1° Charlema**gne** ré**gn**a sur la France, sur l'Espa**gne**, et sur les rives du Pô; et il en soi**gn**a l'administration; dans un siècle d'i**gn**orance, il consacra ses soins à l'instruction; il rédigea de sages lois; il remporta de nombreuses victoires sur les Saxons; enfin son **règne** a été des plus glorieux. = **2°** On trouve des vigo**gnes** au Pérou. — Noé conserva la foi et la sagesse, et Dieu l'épar**gna** lorsqu'il noya toutes les créatures. — C'est Noé qui planta la première **vigne**. — Qui ga**gna** la célèbre bataille de Mari**gnan**? le savez-vous?...

95e Dictée.

Mettre *m* sous les substantifs masculins.

1° Au milieu du globe, et à égale distance des pôles, on trouve la **ligne** équinoxiale. — On a considéré comme des dieux les plantes, les légumes, les oi**gnons**. — Que cette pelouse est ma**gni**fique! pas le moindre monticule, pas la plus petite élévation! = **2°** C'est en Espa**gne**, et dans le midi de la France, dans la Gasco**gne**, etc., que l'on cultive le chêne dont l'écorce procure le liège. — C'est Minon qui vous a égratigné? Venez ici, mon mi**gnon**; séchez vos larmes. — Manon, balayez ces ro**gnu**res.

96e Dictée.

Mettre *f* sous les substantifs féminins.

1° La Grande-Breta**gne** est une île voisine de la France. — I**gn**ace, mon mi**gnon**, vous maniez mal votre crayon; vous ne tracerez pas de cette manière une li**gne** bien droite. — Que de grimaces risibles, que de mines! ah! les singes sont de bien malignes bêtes ! = **2°** Un Carloman, de la race de Charlemagne, a régné sur la France. — Ces champignons sont vénéneux, voilà mon opinion. — Sur cette miniature, voyez-vous la signature de l'artiste? — Prenez la rose que je vous désigne, mais gare aux épines !

72e LEÇON. — ILL, — L MOUILLÉ AU MILIEU DES MOTS *ou :*

= *Qui barbouilla ce médaillon de vermillon ?*

Dans *tous* les exercices de cette 72e leçon, mettre *m* sous les substantifs masculins, — et *f* sous les substantifs féminins.

95e **Copie.** — **1°** Les étoiles fixes sont brillantes par elles-mêmes. — Alexandrine, travaillez avec soin à vous instruire. — Mon mignon, regardez donc Minon tout barbouillé de crème ! — Votre mère a besoin de bouillon, soignez-la bien. = **2°** Parmi les nombreuses richesses de la création, on admire les coquillages variés, et ornés de nuances brillantes. — Si vous babillez trop, on vous placera un bâillon dans la bouche. — Que la vieillesse est respectable !

98e Thème et 99e.

1. Ton bataillon est courageux,	tes b—s—c—.
Ce grillon est importun,	ces g—s—im—.
Son réveillon est somptueux;	ses—r—s—s—.
2. La babillarde est assourdissante,	les b—s—a—.
Votre brouillon est achevé,	vos b—s—a—.
Leur mouillage est sûr,	leurs m—s—s—.

Comme vous le voyez dans barbouilla, médaillon, *etc.* :
On met presque toujours **ill** au milieu des mots pour peindre l'articulation *ill* (*l* mouillé).

97e **Dictée.** — Dans votre voyage, avez-vous joui des nombreux caril**l**ons de la Belgique? — Qui de nous ignore qu'Alexandre déploya une grande vaillance contre les Perses? — Évitez les paroles railleuses, moqueuses, désobligeantes enfin. = **2°** Félicité **tailla** tous mes jasmins; son mari **taillera** tous les autres arbustes et les arbres de mon jardin, il y placera des **treillages**; et il me fabriquera aussi un joli **pavillon** où ma mère se reposera, et travaillera quelquefois.

73e LEÇON. — ILLE, — L MOUILLÉ A LA FIN DES MOTS FÉMININS, *ou :*

= *Le père est le chef de la fam***ille**.

Écoutez bien, mes petits amis :

L'ADJECTIF est MASCULIN quand il est joint à un substantif masculin.

L'ADJECTIF est FÉMININ quand il est joint à un substantif féminin.

96e Copie.

Mettre *f* sous les mots féminins (substantifs et adjectifs) où figure le *l* mouillé.

1° Que préférez-vous, Ignace? des groseilles rouges, des groseilles blanches, des merises vermeilles; ou ces guignes rougeâtres? ou ces poires de mouille-bouche? — Écoutez la **vieille corneille** qui croasse, et la **caille** qui carcaille. = **2°** Si vous criez parce que dans des lieux marécageux vous voyez de coassantes **grenouilles**, chacun se moquera de vous. — La **Vieille-Castille** est une province d'Espagne.

100° Thème et 101°.

1. Sa groseille est vermeille,	ses g—s—v—.
Cette écaille est cassante,	ces é—s—c—.
Cette corbeille est gracieuse;	ces c—s—g—.
2. L'anguille est frétillante,	les an—s—f—.
Cette patrouille est bruyante,	ces p—s—b—.
Sa quenouille est vieille,	ses qu—s—v—.

Comme vous le voyez dans une famille, *etc.* :
On met ille à la fin des *mots féminins* terminés par *l* mouillé.

98e **Dictée.** — **1°** C'est pourtant la petite **chenille** que voilà qui rongea toutes vos **citrouilles** ! — L'**abeille** est un des insectes les plus utiles. — La **grenouille** coasse en ces lieux. — Cultive-t-on aux **Antilles** l'arbre qui nous procure le coton? = **2°** Oh! cette **vieille** duègne espagnole qui se pare de roses et de **jonquilles** ! — La **patrouille** se mouille. — Le volatile a des plumes luisantes, mais le poisson a des **écailles**. — Le curé soigne ses **ouailles**.

74e LEÇON. — IL, — L MOUILLÉ A LA FIN DES MOTS MASCULINS, *ou :*

═ *Reprenez ce travail, croyez-en mon conseil.*

97e Copie.

Mettre *m* sous les mots masculins (substantifs et adjectifs) où figure le *l* mouillé.

1° Voici Avr**il** qui fera fondre les glaces des Alpes. — Le fenou**il** est une plante aromatique du midi de la France. — Il y a des éclipses de lune et des éclipses de sole**il**. — Mes foins sont coupés, ils sont tous dans le fen**il**. ═ 2° Ambroise, votre bab**il** est importun. — Dieu charme le réve**il** du juste par des songes agréables. — On trouve dans le Brés**il** le papillon aux nuances les plus brillantes, — Que ces camails bleus sont jolis !

102e Thème et 103e.

1. Ce brugnon est verme**il**,	ces quatre-vingt-deux b—s—v—.
Son cama**il** est rougeâtre,	ses quatre-vingts c—. s—r—.
Un épouvanta**il**,	deux cents é—.
Un déta**il** ;	deux cent dix d—.
2. Son trama**il** (filet) est usé,	ses t—s—u—.
Cet exercice est pare**il** à...	ces e—s—p—à...
Leur pér**il** est extrême,	leurs p—s—e—.
Un orte**il** énorme,	des o—é—.

Comme vous l'avez vu dans un travail, un conseil, *etc. :*
On met **il** à la fin des mots masculins terminés par *l* mouillé.

99e **Dictée.** — **1°** Les étoiles fixes sont des globes lumineux pareils à notre soleil. — Le pilote qui dirige votre gouvernail a du calme, sa sagesse assurera votre navigation. — Les nègres sont la moitié de la population du Brésil. = **2°** Regardez les détails du portail de Notre-Dame, vous les trouverez d'une délicatesse et d'une perfection merveilleuses. — Lorsque vous ne voyez plus le soleil, il prodigue sa clarté à une autre portion de la surface du globe.

75e LEÇON. — L MOUILLÉ. — RÉCAPITULATION GÉNÉRALE

Dans *tous* les exercices de cette 75e leçon, mettre *m* sous les mots masculins, — ou *f* sous les mots féminins — où figure le *l* mouillé.

98e **Copie.** — **1°** Dieu est le père suprême de la nombreuse famille qui couvre notre globe. — Sans gouvernail, votre barque est en péril, Octave. — C'est une vieille campagnarde qui creusa ces sillons. — Votre maman vous dira le conte de la *Lampe-Merveilleuse.* = 2° On trouve de nombreux coquillages dans le sable de nos rivières, et sur les côtes de l'Océan. — Notre charmille est impénétrable aux rayons du soleil. — Copiez votre brouillon, Louise.

100e **Dictée.** — **1°** Un nuage rougeâtre a obscurci la lumière du soleil ! — N'avez-vous pas vu, Adèle, des étoiles filantes très-brillantes? — André, montez-nous de la cave quatre bouteilles de vin de Bourgogne. — La vieille pêcheuse a réparé votre tramail. = 2° Regarde, maman, le joli papillon qui voltige près de nos treilles; ah! le voilà qui se pose sur les jonquilles! il est tout pareil à celui d'Émile; les papillons sont merveilleux ici.

101e **Dictée.** — 1° Le magnifique portail de notre église Notre-Dame remonte presque au siècle de Godefroi de Bouillon : l'architecture de cette vieille église est imposante, et elle est merveilleuse dans ses détails. = 2° Elmire cache sa taille sous un camail, et sa tête sous des tresses de paille lorsqu'elle s'expose aux rayons du soleil. — Mon père, je vous demande neuf petites quilles, et une boule d'ivoire pareille à celle-ci.

SUPPLÉMENT A LA DEUXIÈME SECTION

REMARQUES

76e LEÇON. — 1re REMARQUE : **ELLE**, — **L** A LA FIN DES MOTS FÉMININS EN **EL**, *ou* :

= *Isab***elle**, *venez dans ma nac***elle**.

Dans *tous* les exercices de cette 76e leçon, mettre *f* sous les mots féminins en *elle*.

99e **Copie.** — 1° Un ange veille sur vous, ma chère Est**elle**. — Achetez pour mademois**elle** Gabri**elle** de la flan**elle** et de la filos**elle**. — La vieille duègne Isab**elle** a joué de la vi**elle**. —

La lune brille, ah! qu'**elle** est **belle**! = **2°** C'est près des îles de la Nouv**elle**-Zélande que sont nos antipodes. — La fem**elle** de mon serin a pondu, **elle** couve déjà. — Mademois**elle** Pern**elle**, n'oubliez pas le cresson et la pimpren**elle** dans la salade!

104° Thème et 105°.

1. Qu**elle** brillante étinc**elle**!	qu—b—é—!
Votre s**elle** est élégante,	vos s—s—é—.
Sa créc**elle** est bruyante;	ses c—s—b—.
2. Qu**elle** déplorable quer**elle**!	qu—d—qu—!
Qu**elle** b**elle** gerbe!	qu—b—g—!
Voilà une production nouv**elle**,	voilà des p—n—.

Comme vous le voyez dans Isabelle, une nacelle, *etc.* :
On met presque toujours **elle** à la fin des mots féminins en *el.*

102ᵉ **Dictée.** — **1°** Si ma petite Gabri**elle** me désigne les cinq voy**elles**, et me trace la première, **elle** se promènera dans la nac**elle** avec mademois**elle** Marc**elle**, qui lui racontera une **belle** et intéressante nouv**elle**. = **2°** Si vous méprisez la loi de Dieu, vous ferez des actions crimin**elles**. — Ma fille, glanez près des jav**elles**; les moissons sont si riches, si b**elles**! — Qu'**elle** est extravagante la sémillante mademois**elle** Irma!

77° LEÇON. — 2ᵉ REMARQUE : — **EL**, — **L** A LA FIN DES MOTS MASCULINS EN **EL**, *ou* :

= *Dieu seul est étern***el**.

Dans *tous* les exercices de cette 77ᵉ leçon, mettre *m* sous les mots masculins en *el*.

100ᵉ **Copie**. — **1°** Le cru**el**, le fratricide Caïn,

animé d'une rage jalouse, a massacré le juste **Abel** au milieu d'une campagne déserte; **quel** barbare **mortel**! — Le **sel** marin se prépare par l'évaporation. = **2°** **Michel**, servez-nous quelques rayons de ce **miel** **naturel**. — Le **castel** de **Marcel** a été visité par de **spirituels** **ménestrels**. — **Ismael** est le père de douze tribus d'Arabes. — Ah! **quel** énorme scorpion!

106e Thème et 107e.

1. Son cast**el** est démoli,	ses c—s—d—.
Qu**el** énorme scalp**el!**	qu—é—s—!
Qu**el** volumineux manu**el!**	qu—v—m—?
2. Votre neveu est spiritu**el**,	vos n—s—s—.
Cet industri**el** est probe,	ces in—s—p—.
Qu**el** dég**el** continu**el!**	qu—d—c—!

Ainsi que vous le voyez dans Dieu est éternel, Michel, *etc.* :
On met presque toujours **el** à la fin des mots masculins en *el*.

103e Dictée. — **1°** **Daniel** livré à des lions a été épargné par eux. — Des anxiétés pénibles dans la veille, des songes épouvantables, un réveil agité, voilà la punition du **criminel**. — L'ange **Gabriel** a parlé à la Vierge, mère de Dieu. = **2°** Dans vos prés **artificiels**, cultive-t-on l'avoine, le trèfle? — **Noel**, l'abeille compose son **miel** de la substance la plus savoureuse des productions odorantes. — Salomon a gouverné **Israel** près de quarante ans.

78e LEÇON. — RÉCAPITULATION DE EL FINAL.

Dans *tous* les exercices de cette 78e leçon, mettre *m* ou *f* sous les mots en *elle* ou en *el*.

101e **Copie.** — **1°** Ma Gabrielle, écoute-moi : Termine par **el** les mots masculins en **el**, tels que : Un dégel, le pastel; un scalpel; le pluriel; le sel; un cartel; le caramel; cela est réel; Marcel est-il cruel? — Noel est spirituel, etc., etc. = et **2°** Écoute-moi bien : Termine par **elle** les mots féminins en **elle** : Une crécelle; quelle belle truelle; la selle; la demoiselle; cette nouvelle est réelle; la vieille Pernelle, la jumelle d'Isabelle, est spirituelle, etc., etc.

104e **Dictée.** — **1°** Quelle extravagance! mon neveu Marcel est sorti avec Daniel par cet exécrable dégel! — Vous croyez, Isabelle, que le soleil se lève et qu'il se couche? détrompez-vous, ma belle demoiselle. = **2°** Ce n'est pas dans l'Archipel qu'on trouve les requins voraces et cruels. — Quelle mouche vous a piqué, mon Gabriel? Une mouche à miel! Calmez-vous, mademoiselle Marcelle vous soignera.

105e **Dictée.** — **1°** Quelle satisfaction la sagesse procure! — Abel, laquelle de ces deux dames trouvez-vous la plus belle? Je les trouve fort belles toutes les deux, mademoiselle; et quels beaux cheveux, et quelle noble démarche! = **2°** Ma Gabrielle, quelles belles, quelles élégantes et légères demoiselles! quels superbes papillons sur ce bel arbuste! — Isabelle, voulez-vous une tartine de miel, ou de la mirabelle confite ?

79e LEÇON. — 3e REMARQUE : AL, — L A LA FIN DES MOTS MASCULINS EN AL, *ou :*

= *Le cheval est un noble animal.*

Dans *tous* les exercices de la 79e leçon, mettre *m* sous tous les mots masculins en *al*.

102e **Copie.** — **1°** Daniel fera un pareil régal dans le carnaval. — Le piédestal de votre Diane chasseresse est colossal. — Mon ami Vital, retenez bien ceci : On a partagé autrefois tous les êtres en trois règnes : le règne animal, le règne végétal et le règne minéral. = **2°** Mangerez-vous des oranges de Malte, ou des oranges de Portugal? — L'orignal est l'élan du Canada. — Vous avez mal aux jambes, Pascal; marchez, courez, cela vous guérira. — Le tigre royal est magnifique! — Irez-vous au bal, ma Gabrielle?

Ainsi que vous le voyez dans un cheval, un animal, *etc.* :
Les mots masculins en *al* se terminent en général par **al** sans *e* muet.

106e **Dictée.** — **1°** Le mal moral est le plus grave. — La tige est le canal par lequel la sève monte dans les branches et les bourgeons des plantes, des arbres, du végétal enfin. — Quel énorme bocal! = **2°** Le cheval redoute l'éperon. — Le cristal de roche est le cristal naturel, mais il y a du cristal factice. — Que voilà un ridicule original! En général, ils sont bien ridicules les originaux!

80e LEÇON — 4e REMARQUE : — PLURIEL DES MOTS EN AL, ou :

= *Votre cheval est plus vif que mes chevaux.*

Attention, amis! et retenez bien ce que je vais vous dire :

Presque tous les mots qui finissent au singulier en AL finissent au pluriel en AUX.

103e **Copie.** — **1°** Un canal latéral longe la Marne, mais ce n'est pas un canal principal ; les principaux canaux qui sont la richesse de la France sont les canaux de Bourgogne, du Midi, de Digoin, de Briare, etc. = **2°** Un quintal pèse cent livres; or deux quintaux, deux cents livres. — Le singe est quelquefois un animal nuisible; les mandrils, les papions, les babouins sont les plus brutaux et les plus féroces des animaux de la famille des singes.

108e Thème et 109e.

1. C'est le local principal,	ce sont les locaux principaux.
Son bocal est colossal,	ses b—s—c—.
Leur journal est original;	leurs j—s—o—.
2. Un caporal brutal,	quatre-vingts c—b—.
Le canal transversal,	quatre-vingt-dix c—t—.
Leur tribunal féodal,	leurs t—f—.

107e **Dictée.** — **1°** Que ce général est loyal!

en **général** les **généraux** sont **loyaux.** — Le platine est un **métal** assez rare : on retire tous les **métaux** de l'intérieur du globe. — Il y a dans l'Amérique un nombre considérable de **métaux** et de **minéraux.** = 2° Les **principaux** organes du **végétal** sont la racine, la tige, etc. — Le singe, comme les **chevaux,** la girafe, etc., mange des **végétaux**; ces **animaux** sont frugivores : mais la louve mange d'autres **animaux**; elle est carnivore.

108e **Dictée.** — 1° L'Inde est riche en productions naturelles rares et curieuses : en **minéraux** et en **métaux** précieux ; en **végétaux** utiles : céréales, bambous, etc.; enfin, en **animaux** curieux : zébus, vampires, tigres **royaux**, etc. = 2° Conserverez-vous vos prunes dans ces **bocaux** gigantesques, **colossaux**? — Dans les **végétaux**, les oignons sont toujours des bourgeons **radicaux**. — L'uniforme des **maréchaux** et des **amiraux** est très-riche, celui des **caporaux** est simple.

81e LEÇON. — 5e REMARQUE ; SON ET SONT, *ou :*

= *Anatole tire un agréable* **son** *de* **son** *violon, mais non des violons qui* **sont** *ici.*

Dans *tous* les exercices de cette 81e leçon, mettre *s* sous le mot *son* substantif, — *a* sous le mot *son* adjectif, — et *v* sous le verbe *sont.*

104e **Copie.** — 1° Votre âne mangea tout le **son** de Martin, **son** compagnon; mangera-t-il donc le **son** de tous les ânes qui **sont** ici ? — Le **son** du violon d'Alexandre est agréable, mais les **sons** de **son** piano **sont** peu mélodieux. = 2° Que le soleil brille, qu'il nous montre **son** disque de pourpre; ses rayons **sont** magnifiques. — Demandez à l'institutrice de Fernande qu'elle montre sur la carte, à **son** élève et aux compagnes de **son** élève, où **sont** les Sporades.

Remarquez-le bien, enfants : **Le mot SON s'écrit par SON quand il est un substantif ou un adjectif singulier.**

Le mot SON s'écrit par SONT quand il est un verbe pluriel. (*Vous l'avez appris déjà,* voir page 91.)

109e **Dictée.** — **1°** Luce, chacun des animaux a **son** organisation propre; tous **sont** créés chacun selon sa fin particulière : c'est pourquoi la vipère rampe, le poisson nage, le serin vole, le cheval marche. — Quel **son** charme donc nos oreilles ? = **2°** Ah ! Maximin qui a demandé ce matin à **son** oncle si les îles Féroé **sont** dans la Manche ! — Octobre est venu, les arbres **sont** dépouillés; pas un d'eux ne nous procure **son** abri contre les rayons du soleil. — Portez ce **son** à l'âne Martin !

82e LEÇON. — 6e REMARQUE : — QUELQUES MOTS DU VERBE ÊTRE.

Enfants : **Le mot SON écrit par SONT dépend**

du verbe *être;* — il y a beaucoup d'autres mots qui dépendent du verbe *être* : je vais placer ici ceux qu'on a le plus souvent besoin d'écrire, vous les copierez trois fois.

Dans *tous* les exercices de la 82e leçon, mettre *v* sous chaque mot du verbe être.

105e Copie.

Je **suis** sage.	**Suis**-*je* sage?
Tu **es** docile.	**Es**-*tu* docile?
Il **est** loyal, ou *elle* **est** loyale.	**Est**-il loyal? *ou* **est**-elle loyale?
Nous **sommes** sages.	**Sommes**-*nous* sages?
Vous **êtes** dociles.	**Êtes**-*vous* dociles?
Ils **sont** loyaux, ou *elles* **sont** loyales.	**Sont**-*ils* loyaux? *ou* **sont**-*elles* loyales?

Vous pouvez remarquer que :
Après tout mot du verbe **être** on peut placer un **adjectif.**

106e Copie. — **1°** Lorsque *je* **suis** sage, ne **suis**-*je* pas chéri de maman? — *Tu* **es** bien souvent sage, toi; mais Gabriel, *il* l'**est** toujours, imite-le; et n'**es**-*tu* pas choyé de tous quand *tu* **es** bon! = **2°** *Nous* **sommes** à la fin de notre tâche, et *vous* n'**êtes** encore qu'à la moitié de la vôtre : vos travaux **sont**-*ils* plus considérables que les nôtres, ou **sommes**-*nous* plus vifs que vous?

107e Copie. — **1°** Si *tu* **es** sage, Noel, ton papa t'achètera un jeu de quilles d'ébène. — Les *vertus* **sont** plus précieuses que les perles et les rubis, n'**est**-*ce* pas, Alice? = **2°** Si *vous* **êtes** curieuses, mes filles, chacun se cachera de vous. — **Suis**-*je* assez sage, maman? n'**es**-*tu* pas fière (1) de ta Blanche? — Qu'**est**-*ce* qu'on fabrique avec de l'amiante?

110e Dictée. — **1°** *C'***est** Dieu qui a prononcé cette parole : *Je* **suis** celui *qui* **est**. — Si *tu* **es** désobéissante (1), Alicia, ta maman se fâchera contre toi; et n'**es**-*tu* pas contente lorsqu'elle te caresse? = **2°** Ah! maman, *nous* **sommes** tombés sur le sable! voyez toutes ces égratignures! — Pourquoi ces larmes? *vous* n'**êtes** pas courageux : vos *cousins*, Ignace et Simon, **sont** bien plus courageux que vous.

111e Dictée. — **1°** **Es**-*tu* décidé à bien écrire ce matin, Eugène? — **Sommes**-*nous* joyeux! notre oncle *qui* **est** colonel! — Madame, n'**êtes**-*vous* pas la marchande de macarons? Où **sont**-*ils*, vos macarons? tenez, voilà mes deux sous! = **2°** Ne t'**es**-*tu* pas bien réjoui, Firmin, à la campagne? Oh! oui, mes amis, *vous* **êtes** bien bons, vous qui m'y avez mené! N'**est**-*ce* pas, André, qu'*ils* **sont** bien bons mes amis?

---

(1) *Remarquez-le :*
Tous les adjectifs féminins finissent par un **e muet**.

83e LEÇON. — 7e REMARQUE : — PLURIEL DU VERBE **A**, *ou :*

= *Daniel* **a** *prié Dieu, et les lions l'***ont** *épargné.*

Écoutez bien ! **On écrit par ONT le verbe pluriel (qui s'écrit au singulier par A).**

108e **Copie.** — **1°** Zémire **a** glapi, aussitôt mes deux bouledogues **ont** aboyé. — La négresse, comme le nègre, **a** la figure noire; et tous les nègres **ont** les cheveux crépus. — Le cheval **a** quatre jambes. Combien deux chevaux **ont**-ils de jambes? = **2°** Constance, votre savon **a** été fabriqué avec de la soude; cette soude **a** pu être produite par la combustion de végétaux qui **ont** crû sur des roches sous-marines, et qui **ont** été jetés sur nos côtes par les vagues de l'Océan.

110e Thème et 111e.

1. Un cheval **a** une bouche, et deux oreilles,
Or trois ch—**ont...** et—.
Le tigre n'**a** pas une bouche, il **a** un mufle,
Deux t— **n'ont** p—deux b—, ils **ont** deux m—.

2. Mon frère **a** une lourde gibecière,
Mes f—... deux l—g—.
Mon âne **a** quatre jambes,
Or deux â—... etc., trois â—... etc.
Mon oncle **a** achevé son voyage,
Mes onc—... achevé leurs v—.

112e **Dictée.** — **1°** Une mouche à miel **a** montré sa petite trompe : elle **a** sucé nos jasmins d'Espagne, et puis elle **a** piqué les lèvres d'Ernestine; mes cousins **ont** poursuivi l'animal importun, et ils l'**ont** éloigné de nous. = **2°** Les Chinois **ont** une figure grotesque, ils **ont** aussi une mise originale; ce sont les Chinois qui **ont** fabriqué les deux jolis vases que vos oncles **ont** achetés. — Les naturels de l'Amérique **ont** le visage rougeâtre et non rosé.

113e Dictée. — **1°** Autrefois les Persans idolâtres **ont** cru des dieux le Soleil, la Lune, les astres, ete.; d'autres nations **ont** adoré des plantes, des oignons, des animaux stupides, des bêtes répugnantes même. = **2°** Les naturalistes **ont** rangé toutes les créatures de l'Océan sous quelques dénominations générales; ils **ont** les poissons, les cétacés, etc. — Nos compatriotes **ont** porté leurs armes victorieuses dans toute l'Europe, en Afrique, et même en Amérique.

84e LEÇON. — 8e REMARQUE : — **ON** ET **ONT**, *ou :*

= **On** *a toujours béni ceux qui* **ont** *secouru les infortunés.*

Dans *tous* les exercices de cette 84e leçon, mettre *s* sous le substantif (ou pronom) *on*, — et mettre *v* sous le verbe *ont.*

109e Copie. — **1°** **On** se moque toujours de ceux *qui* **ont** de la vanité. — Michel demande qu'**on** lui explique les propriétés des simples *qui* **ont** crû ici, et la nature des minéraux *qui* **ont** été tirés de nos montagnes. = **2°** **On** a toujours mal parlé de ceux *qui* **ont** refusé quelques sous aux infortunés, et l'**on** a flétri leur avarice. — Que ces *roses* **ont** de jolis boutons, **on** ne les admire pas assez! — **On** a distribué des livres superbes à tous les élèves *qui* **ont** très-bien travaillé.

Enfants, attention! **On écrit par ON le mot qui fait penser à quelqu'un** (il est alors substantif (ou pronom).— *Mais :*

Le mot ON s'écrit par ONT quand il est un verbe pluriel. (*Vous l'avez appris dejà;* voir page 115.)

114° Dictée. — **1°** Les Incas sont les princes et les rois que nos *pères* **ont** trouvés dans le Pérou. — **On** vous demande, Isabelle, quels sont les deux rois de France *qui* **ont** gagné le plus de batailles, **on** désire que vous le disiez à votre cousin Abel. = **2°** Mes *frères* **ont** été au Jardin-des-Plantes avec tous les élèves qu'**on** a trouvés assez sages. — **On** a mesuré la distance que les planètes et les *astres* **ont** entre eux; elle est énorme.— **On** m'assure que les Chinois **ont** devancé les nations modernes pour la boussole, la poudre à canon, etc.

85e LEÇON. — 9e REMARQUE : — QUELQUES MOTS DU VERBE **AVOIR.**

Le mot ON écrit par ONT dépend du verbe *avoir :* **il y a beaucoup d'autres mots qui dépen-**

dent du verbe *avoir*; voici ceux qu'on a le plus souvent besoin d'écrire, copiez-les trois fois.

Dans *tous* les exercices de cette 85e leçon, mettre *v* sous chaque mot du verbe *avoir*.

110e Copie.

*J'*ai	deux jonquilles superbes,	(**ai**-*je?*)
Tu **as**	une vieille vielle,	(**as**-*tu?*)
Il **a**	trois chevaux à bascule;	(**a**-t-*il?*)
Nous **avons**	un joli quinconce,	(**avons**-*nous?*)
Vous **avez**	un bel arbre,	(**avez**-*vous?*)
Ils **ont**	une belle pelouse.	(**ont**-*ils?*)

Remarquez bien que :

Après un mot du verbe **avoir** on peut toujours placer un substantif.

111e Copie. — 1° Mon oncle, *j'***ai** acheté ce matin les quatre pigeons que *tu* **as** vus, mon bon *papa* l'**a** bien voulu. = 2° *Nous* **avons** tressé nous-mêmes, Isabelle et moi, ces guirlandes de roses pour ma mère; *vous* **avez** vu combien *elles* lui **ont** été agréables. = 3° Qu'**ai**-*je* aperçu? des billes d'agate! — Qu'**as**-*tu* vu à la foire, Pascal? Des danseuses de corde. T'**ont**-*elles* amusé? Non, elles sont sales! *elles* m'**ont** bien déplu. — Qu' **avons**-*nous* négligé pour vous? de quoi **avez**-*vous* manqué?

115e Dictée. — 1° *J'***ai** lu que les *Incas*, princes du Pérou, **ont** adoré le Soleil. — Si *tu* **as** soif, *tu* n'**as** qu'à boire de cette orangeade. — Maman, *nous* **avons** semé de la mignardise dans notre jardin, comme *vous* l'**avez** désiré; mes *cousins* nous **ont** désigné la place. — **2° As**-*tu* servi le café, Simon? Oui, madame. — Qu'**avez**-*vous*, Béatrice et Geneviève? vous êtes tristes! Oh! ma chère Anna, *nous* **avons** bien du chagrin, papa partira Lundi pour l'Afrique. — T'**ai**-*je* assez remercié, mon oncle, des jolis sabres que *tu* m'**as** achetés?

FIN DE LA DEUXIÈME SECTION

ET DE LA PREMIÈRE PARTIE DE L'ORTHOGRAPHE D'USAGE.

SECONDE PARTIE

MOINS ÉLÉMENTAIRE QUE LA PREMIÈRE

TROISIÈME SECTION

VOYELLES

ACCOMPAGNÉES DE LETTRES MUETTES OU NULLES

(*Voir* l'AVIS TRÈS-ESSENTIEL, page 6.)

DES VOYELLES

ACCOMPAGNÉES DE LETTRES MUETTES OU NULLES

LEÇON PRÉPARATOIRE

Écoutez bien, mes petits enfants :

Il y a des mots qui ne sont ni des substantifs, ni des adjectifs, ni des verbes ; on les appelle **invariables** ; — or :

L'invariable est un mot qui n'est ni substantif, ni adjectif, ni verbe.

Les mots qui ne sont ni substantifs, ni adjectifs, ni verbes sont appelés INVARIABLES parce qu'ils ne peuvent pas s'écrire au pluriel ; — enfin parce qu'*ils ne changent jamais* d'orthographe, qu'*ils ne varient pas*.

EXERCICES. — Faire copier les phrases qui suivent, et y faire mettre *inv.* sous chaque mot *invariable.*

Qui *de* vous a été *à* Rome ? — La vigne qui est *là* est la mienne. — Mes fils sont grands *comme* des chênes. — Avez-vous vu *souvent* des météores *dans* le ciel ? — J'étudie *pour* m'instruire. — Faisons une promenade *en* batelet *sur* la Seine.

L'élève doit maintenant faire des verbes entiers ; il en trouvera les modèles dans : *Eléments de Grammaire pratique pour les enfants de 7 à 9 ans*, par Madame Charrier, pages 42, 54, etc.

86e LEÇON.

ou : **L'a***miral a visité* **le Ha***vre.*

Dans les copies qui vont suivre, jusqu'à la 121e, mettre *inv.* sous chaque invariable.

112e Copie. — 1° Ambroise, lorsque tu as

visité **le Havre**, as-tu bu de la bière ou de l'ale? — Nous avons lu dans la Bible qu'un roi des Juifs a dansé, et joué de **la harpe**, devant l'arche. = **2°** Septime, vous ne trouverez pas d'abri sur ce chemin **de halage**, ne le suivez pas. — Nous nous sommes bien régalés, mes amis et moi, nous avons mangé **des halbrans** (*jeunes canards sauvages*).

112e Thème.

Copier ce qui est au singulier, — écrire une phrase analogue en mettant au pluriel les substantifs, les adjectifs et les verbes.

L'arbitre a estimé fort (invar.) peu (invar.) **ta ha**ridelle vieille et boiteuse,
Les arbitres ont estimé fort (1) peu (1) *tes* **h**—v—e (b—.
L'active fermière a vu le lapin et **la ha**se de mon ami,
Les a—f— ont vu les...

Comme vous le voyez dans le Havre, la hase, la harpe, *etc., etc.* :
On écrit le son *a* par **h a** au commencement des mots lorsque devant ce son *a* on doit écrire et prononcer *le* ou *la* (au lieu de *l'*), etc.; — et lorsqu'on ne peut pas faire sonner sur l'*a* la *consonne* qui termine le mot précédent.

REMARQUE GÉNÉRALE. — Lorsque devant un mot commençant par une voyelle on ne peut faire sonner t, s, etc., qui termine le mot précédent, — et lorsqu'on y doit écrire le, je, te, etc., en entier, — on met toujours avant la voyelle un H (dit aspiré).

116e **Dictée.** — **1°** Lorsque tu as été dans l'**A**mérique, as-tu visité **le Havre**? es-tu parti **du Havre**? — Avec quelle satisfaction **l'a**ctive fourmi transporte son butin, comme elle **se hâ**te! = **2°** Mes amis, ne méprisez jamais ceux que vous voyez **hâ**ves et timides sous **les hail-**

(1) Rappelez-vous toujours que :
L'*invariable* ne prend jamais la marque du pluriel, qu'il ne change jamais d'orthographe.

lons de la misère; mais distribuez **à** ces infortunés **des hardes** propres, et le bon Dieu vous bénira.

87e LEÇON.

§ Ier, *ou : Victorine* **a** (avait) *un camail* **à** (1) *la mode, — mais mes filles n'*ont *pas de camails* **à** (1) *la mode.*

113e Copie. — **1°** Zizi *a* (*avait*) mangé toute la crème qu'on avait promise **à** ma Gabrielle, ces verges l'ont puni. — Justine *a* travaillé **à** la clarté de la lampe, parce qu'elle n'*avait* pas travaillé **à** la lumière du Soleil. = **2°** Mon oncle *a* (*avait*) récolté du café **à** Bourbon et **à** la Martinique, îles de l'Afrique et de l'Amérique; ses nègres ont travaillé avec zèle, **à** ce qu'on m'*a* (*avait*) assuré.

113e Thème.

Copier la phrase au singulier, — puis écrire une phrase analogue au pluriel.

Mon frère *a* (*avait*) traversé cette rivière **à** la hâte,
Mes frères *ont* traversé ces— **à** la hâte.
Quelle âme charitable *a* parlé **à** cette petite hargneuse?
Quelles â— *ont* parlé **à** c—?

Ainsi que vous le voyez dans Victorine a un camail à la mode, ***etc.:*** **Le mot à invariable s'écrit avec un accent grave (1).**

117e Dictée. — **1°** Le général *a* (*avait*) mené

(1) **REMARQUE.** — *à* est un mot invariable lorsqu'on ne pourrait pas le remplacer par *avait*, — ou par *ont*, — en mettant la phrase au pluriel.

ses troupes **à** l'armée, elles y ont déployé de la hardiesse. — La détresse de Robinson dans son île *a* (*avait*) été la juste punition de sa désobéissance **à** la volonté paternelle. — **2°** Une dame charitable *a* (*avait*) distribué des chemises et des bas **à** une multitude d'infortunés. — Mon Dieu, conservez la santé **à** papa, **à** maman, **à** mes frères et **à** tous mes amis.

---

§ II, *ou :* La *chèvre est par* **là** (1), — *Quoi !* les *chèvres sont* **là** ? — *déjà* ?

114e Copie. — **1°** Regardez longtemps, vous apercevrez **là** *la* plus brillante des étoiles de *la* Grande-Ourse. — Écoutez bien, Gustave, le caporal va dire à *la* patrouille : Halte-**là** ! — **2°** Lise, cette rose-**là** s'épanouira-t-elle davantage ? regarde-*la*, elle est déjà magnifique. — Admirez *la* merveilleuse agilité avec laquelle ces chèvres-**là** ont gravi les monticules élevés que voilà à votre droite !

Remarquez que :
On met toujours un tiret entre le substantif et l'invariable *là*.

114e Thème.

Copier ce qui est au singulier, — écrire une phrase analogue au pluriel.

J'ai visité hier (invar.) *la* ferme qui est **là**, celle-**là**,
Nous avons hier visité les f— qui...
Il a mal (invar.) prononcé cette harangue-**là**,
Ils ont m— prononcé c—.

---

(1) **REMARQUE.** — Le mot *là* est un invariable lorsqu'on ne pourrait pas le changer en *les* en mettant la phrase au pluriel.

Ainsi qu'on peut le remarquer dans la chèvre est par là, les chèvres sont là, *etc., etc.* :

Le mot là invariable s'écrit avec un accent grave.

On met également l'accent grave sur l'*a* de *voilà*, de *déjà*.

118e Dictée. — **1°** Quelle est cette vieille qui se promène **là**? C'est *la* mère Simon. — Abel, pourquoi, deux fois déj**à**, t'es-tu hasardé sans ton père dans ces lieux-**là**? = **2°** *La* rivière est dangereuse, évite-*la* toujours. — C'est cette corneille-**là** qui voltigea sans cesse sur *la* charmille que voil**à**; elle a croassé **là** bien longtemps, nous en sommes assourdis; chassez-*la*.

88e LEÇON.

§ Ier, *ou : Papa, ne lâche pas ma colombe!*

Écoutez, mes petits enfants : *Si vous faites attention à la manière dont vous prononcez l'***a** *dans* : Papa, ne lâche pas ma colombe, *vous vous apercevrez bien que vous prononcez d'une certaine manière l'***a** *de* **papa** *et de* **ma**, — *et d'une autre manière l'***a** *de* **lâche**, *et celui de* **pas**;

Hé bien!

L'*a* de p*a*p*a*, m*a*, etc., etc., est appelé A FERMÉ; — l'*a* de l*â*che, de p*a*s, etc., est appelé A OUVERT.

Dans les copies, les dictées, les thèmes qui vont suivre faire distinguer les **a** *fermés* et les **a** *ouverts*.

115e Copie. — Ma petite Noémi, vous fâcherez tous vos amis si vous êtes hargneuse, insociable. — **Lâchez** la bique, elle ira jusque-là. — **Tâche** de ne pas nuire à tes frères. — **Gâchez** cette poussière blanche, elle se transformera en une masse solide.

115e Thème.

Copier ce qui est au singulier, — écrire une phrase analogue au pluriel.

Que tu es **lâche** ! as-tu donc une **tâche** si pénible?
Que vous êtes l— ! avez-vous donc d— ?
Mon ami, mange cette salade de **mâches**,
Mes a—, mangez c—.

Comme vous le voyez dans lâche, fâcherez, *etc., etc.*
L'*a* qui se prononce très-ouvert s'écrit par **â**, avec l'accent circonflexe, avant *ch*.

119e Dictée. — Dans l'Inde, on **mâche** du bétel. — Que ces routes sont **gâcheuses** ! **tâchez** d'en suivre de plus sèches. — Flore, **lâchez** cette corbeille, et ôtez la tache que voilà à votre robe. — Mon ami, vous limerez toutes mes **gâches** et tous mes pênes.

§ II, *Ah ! câline, ce râble n'est pas pour toi !*

116e Copie. — Les animaux ne sont pas, comme nous, défigurés par le **hâle**. — On a tué beaucoup de **râles** rouges près de la rivière qui coule là. — Sara, méfiez-vous des **câlins** et des **câlines**, comme des **hâbleuses**. — On fabrique des **câbles** en métal.

116e Thème.

Copier ce qui est au singulier, — écrire une phrase analogue au pluriel.

Tu es bien (invar.) **pâle**, ma fille, es-tu malade?
Vous êtes b— ?

Madame, que votre ch**â**le rouge est donc joli!
Mesdames, que v—!

Ainsi que vous le voyez dans câline, râble, *etc.* :
L'*a* qui se prononce *très-ouvert* s'écrit généralement par **â**, avec l'accent circonflexe, avant *l*, *bl*, etc.

120e Dictée. — Nos troupes ont déployé partout un m**â**le (1) courage. — Le h**â**le a flétri les foins que voilà, et il a p**â**li vos roses. — Que préférez-vous? les r**â**bles de lièvre, les halbrans, ou les canetons domestiques? — Tu es p**â**le, Noémi, croise ton ch**â**le.

---

§ III, *ou : Quel énorme b**â**ton porte ce p**â**tre!*

117e Copie. — Combien l'artisan se h**â**te lorsque sa famille a besoin de son travail! — Limousin, gâche ton pl**â**tre! — Un p**â**tre, devenu roi d'Israel, a composé ces admirables Cantiques que l'on chante à vêpres. — Oh! les brillantes étincelles! votre **â**tre est tout en feu.

117e Thème.

Copier ce qui est au singulier, — écrire une phrase analogue au pluriel.

Admire le riche p**â**turage, et le p**â**tre que voilà,
Admirez l—.
Le légume h**ât**if est souvent insipide, ne h**ât**e rien,
Les l—, h**ât**ez r—.

Comme on le voit dans bâton, pâtre, *etc.*, *etc.* :
L'*a* qui se prononce *très-ouvert* s'écrit en général par **â**, avec l'accent circonflexe, avant *t*.

---

(1) Remarquez que l'*a* est ouvert dans *mâle*, *hâle*, *châle*, etc., et que ces mots ne doivent ni se prononcer, ni s'écrire comme *cheval*, *journal*, *bal*, etc.

121e Dictée. — Avez-vous visité la manufacture des Gobelins? Oui, mais à la hâte. — Qui a bâti si lâche le corsage d'Élisa? — Les Israélites ont été captifs chez des nations idolâtres. — Jetez ces groseilles rougeâtres; vous le voyez, elles ne sont pas mûres.

89e LEÇON.

§ Ier, *ou : Lucas a porté cet échalas, il est las.*

118e Copie. — 1° Vous ne ferez pas le mal, Dieu vous regarde! — Nicolas, il y a de bien magnifiques chevaux dans le haras du roi. — Prenez votre canevas, Alexandrine, et marquez-moi ce bas. = 2° Ah! que voilà un matelas mal cardé! — Colas, regardez la petite Adeline, elle se balance sur son siège; et puis, patatras! voilà mademoiselle Adeline à bas!

118e Thème.

Ménage les deux pointes de mon compas (1),
Ménagez les huit — de mes quatre c—.
Coupe ton ananas avec ce coutelas,
Coupez v—.

Comme on le voit dans Lucas, lilas, las, pas, *etc., etc.* :
Le son *a très-ouvert* s'écrit presque toujours par as à la fin des substantifs, des adjectifs, et des invariables.

122e Dictée. — 1° Chacun se trompe ici-bas. — Madame Lebas a une superbe robe en damas. — Si vous êtes sage, Nicolas, vous ne

---

(1) Voyez la remarque en note, page 42.

vous hasarderez **pas** sur la grande route par ce verg**las**. = 2° Mais voyez donc Luc**as**, qu'il a grandi! il est comme un énorme échal**as**! — Les Andes ou Cordilières, en Amérique, sont toujours couvertes de frim**as**.

§ II, *ou : Tu préfèrer***as** *Dieu à tout!*

119ᵉ **Copie.** — 1° Ami, tire-moi du péril, *tu* fer**as** après cela ta harangue. — Noel, *tu* ne désobéir**as** jamais à ta mère, *tu* tâcher**as** de lui être agréable en tout. — Aglaé, *tu* étudier**as** la loi de Dieu. = 2° Voici les préceptes de la loi divine : *Tu* adorer**as** un Dieu unique, *tu* l'implorer**as** et (*tu*) l'invoquer**as** dans tous tes besoins, *tu* lui obéir**as**... *Tu* écrir**as** la suite demain.

Vous le voyez dans tu préfèreras, tu feras, *etc., etc.* :
On écrit le son *a* par as à la fin des verbes joints à *tu*.

123ᵉ **Dictée.** — 1° *Tu* ne juger**as** point, *tu* ne porter**as** point de témoignages contre la vérité, *tu* respecter**as** ton père et ta mère, *tu* conserver**as** la sagesse, enfin *tu* suivr**as** toujours les lois de la vertu. = 2° Lorsque *tu* te promèner**as** près des canaux, marcher**as**-*tu* sur le chemin de halage? — Albertine, *tu* ne ser**as** jamais acariâtre avec les domestiques. — *Tu* respecter**as** la vieillesse.

90ᵉ LEÇON.

§ Iᵉʳ, *ou : Tout sold***at** *aspire au...*

120ᵉ **Copie.** — Le prél**at** qui est archevêque

de Tolède s'intitule primat d'Espagne. — Ceux qui ont changé leur religion pour les lois du Coran sont de lâches apostats, des renégats indignes. — Que de vaillance dans nos soldats !

119e Thème.

Tu porteras cet ananas à mon cousin le magistrat,
Vous p—.
Un calfat a bouché le trou de mon navire,
Des c—.

Vous le voyez par les mots soldat, apostat, *etc., etc.* :
On écrit le son *a* par **at** à la fin des substantifs qui désignent un homme par le nom de sa dignité, de son état, etc.

124e Dictée. — Émile, si vous restez dans l'ignorance, vous serez soldat ou pâtre; si vous travaillez avec courage, vous serez un avocat distingué, un digne magistrat, un général peut-être : choisissez !

---

§ II, *ou : Le soldat aspire au généralat...*

121e Copie.

A partir de cette 121e copie mettre *alternativement* dans chaque copie: — *s.* sous les substantifs; — *a.* sous les adjectifs; — *v.* sous les verbes; — *inv.* sous les invariables (à moins qu'une indication particulière ne vienne interrompre cette marche).

Le consulat, le proconsulat, le tribunat, le décemvirat, le triumvirat (1), ont été les premières dignités de la république à Rome. — C'est sous le pontificat de Léon X qu'on a élevé à Rome la superbe Basilique que tu y visiteras.

Remarquez-le dans généralat, consulat, *etc., etc.* :
On écrit le son *a* par **at** à la fin des substantifs qui désignent une dignité, un état.

---

(1) Prononcez : *décèmevirat, trioneвirat.*

125e Dictée. — Des dignités de Rome ont existé en France : nos pères y ont vu le tribun**at** ; Napoléon Ier a obtenu d'abord le généra**lat**, puis le consul**at**, et ensuite la puissance impériale. — Vous êtes encore novice dans l'écriture, combien durera votre novici**at**, ma Zoé ?

120e Thème.

On élèvera au doctor**at** mon cousin Anatole,
 On élèvera au doctor**at** mes deux c— Anatole et...
Le consul**at** est fort recherché,
 Les c—.

---

§ III, *ou : Le généralat ! quel beau résult***at** !

122e Copie. — **1°** Quelques ordres religieux se sont consacrés au rach**at** (1) des captifs. — Lorsque vous mêlez du rouge et du bleu, quel résul**tat** (1) obtenez-vous ? = **2°** Lucas fera un ach**at** (1) considérable de rubans. — Anatole a visité avec son père les forç**ats** au bagne de Toulon. — Quel est l'ét**at** (1) de Léon ?

121e Thème.

On exige de mon neveu un certific**at** (1) de capacité,
 On exige de mes n— de capacité.
Ce livre est du form**at** in-12,
 Ces l— in-douze et in-8o.

Comme on le voit dans les substantifs un résultat, le rachat, *etc. qui viennent des verbes* résult-er, rach-eter, *etc.* :

On écrit le son *a* par **at** à la fin des substantifs formés d'un verbe dont on a changé les dernières lettres (1).

---

(1) **Résultat** est formé du verbe *résult-er* ; — **rachat**, du verbe *rach-eter* ; — **achat** d'*ach-eter* ; — **forçat**, de *forcer* ; — **état** de *être* ;— **certificat**, de *certifier* ; — **format**, du verbe *former*.

126e **Dictée.** — 1° Nos soldats (1) se sont toujours montrés braves et courageux. — Quel est le format (1) du livre que tu achetas, Nicolas ? = 2° Ne ferez-vous pas l'achat (1) d'un livre avec vos quarante sous ? — Lorsque vous avez respiré longtemps du soufre, vous croyez que tout en est infecté, c'est votre odorat (1) qui vous trompe.

91e LEÇON.

ou : Je voudrais qu'Aglaé jouât moins, et (qu'elle) *travaillât davantage.*

123e **Copie.** — Je désirerais que mon père parlât à ce candidat au doctorat, et que vous lui *parlassiez* aussi. — Je voudrais bien que ma Blanche ne se vantât pas elle-même, pour que vous la *vantassiez.* — J'aimerais que Cécile me brodât des pantoufles, et que vous en *brodassiez* à votre mère.

122e Thème.

On désirerait que le général protégeât ce soldat, et...
On désirerait que vous le p—aussi.
On voulait que la concierge fermât ce cadenas, et...
On voulait que vous f—
Je voudrais que ma petite fille ne bâillât pas, et...
..... que vous ne b—pas non plus.

Comme vous le voyez dans qu'Aglaé jouât, qu'elle travaillât, *etc., etc.* :

On met ât, avec un accent circonflexe sur l'*a*, toutes les fois que

---

(1) Soldat est formé du verbe *solder;* — format, de *former;* — achat, d'*acheter;* — odorat, d'un vieux verbe *odorer.*

ât termine un verbe qui finirait en *assiez* s'il était joint à *vous*, (ou en *assions*, en *assent*, etc., s'il était joint à *nous*, à *ils*, etc.).

92ᵉ LEÇON.

ou : Vous fracassez tout chez moi, quel fracas !

Remarque générale. Lorsqu'un mot a quelque ressemblance de signification avec un autre mot, on met souvent *à la fin* **une lettre qui indique cette ressemblance, et** *qu'on entend* **dans le mot le plus long.**

Très-souvent on met également les mêmes lettres *au milieu* **de mots qui se ressemblent par le sens.**

124ᵉ **Copie.** — 1° Grégoire, vous draperez la voiture de Madame du drap brun que voilà. — Maman est lasse, elle a voyagé depuis Lundi. — Si vous êtes las, reposez-vous; gardez mes vaches à ma place. = 2° Le vin de Malaga est stomachique; buvez-en, vous guérirez votre mal d'estomac. — J'ai vu en Belgique des assiettes creuses, des assiettes plates, des plats, et toutes sortes de vases en métal.

Vous le voyez :

Le son *a* s'écrit par *as* à la fin des mots qui ressemblent à un mot où l'on entend un *s*;

Le son *a* s'écrit par *ap* à la fin des mots qui ressemblent à un mot où l'on entend un *p*;

Le son *a* s'écrit *ac*, par *at*, etc., à la fin des mots analogues à d'autres mots où l'on entend un *c*, un *t*, etc.

127ᵉ **Dictée.** — 1° Portez à Fanchon ma chocolatière, elle me fera ce matin du chocolat. — Avez-vous remarqué les bas drapés de notre jardinière? — On fabrique en France et dans la Grande-Bretagne du drap feutré. = 2° L'avare amasse sou sur sou, et il garde tout pour lui. — L'amas du sable sur les côtes de l'Océan forme des monticules ou dunes. — Éclater de rire sans motif, rire aux éclats en société, ce sont deux marques de peu d'éducation.

93e LEÇON.

§ 1er, *ou : On dit : Le* **neuf** *Avril, pour : Le* **neuv***ième jour d'Avril.*

125e **Copie.** — N'est-ce pas toi, Clotilde, qui (pour *tu*) as brodé le cabas **neuf** de ta mère? — Dans nos climats, la morsure de la coul**euv**re n'est pas dangereuse. — Je voudrais qu'on distribuât à tous ces infortunés des chemises blanches et des hardes **neuv**es.

123e **Th.** Nicolas n'est-il pas **veuf**?
Lucas et Simon ne s—?
Tu trouveras dans la montagne la source de ce fl**euve**,
Tu trouveras dans l— de ces deux fl—.

Comme on le voit dans **neuf, neuvième,** *etc., etc.* :
L'*e* muet se peint très-souvent par **eu** avant un *f* ou un *v*.

128e **Dictée.** — Mon oncle est resté **veuf** avec une fille de **neuf** ans. — Mon ami m'assure que la **veuve** de Napoléon Ier a épousé un simple général. — Michel, tu me feras la pr**euve** de toutes tes soustractions. — Certains fl**euve**s ont des inondations périodiques.

126e Copie. (*Supplément.*) — Mon papa, Ambroise m'assure que tous les serins sont **o**vipares, que mon serin est sorti d'un **œuf**, est-ce la vérité? — Ce qu'on range dans la race b**o**vine, c'est le **bœuf**, la vache, etc. — **L'œuvre** d'un artiste se compose de tous ses **o**uvrages.

Vous le voyez :
On met œ*u* (en place de *eu*) dans les mots qui ont un dérivé où l'on entend l'*o*. — Relisez la Remarque générale de la page 135.

---

§ II, *ou : Où la mouche a passé le moucheron dem***eur***e.*

127e Copie. — **1°** Vous pl**eur**ez sans motif, séchez vite vos larmes; je ne voudrais pas que mon Aline pl**eur**ât pour des bagatelles. — Êtes-vous p**eur**euse! vous fuyez pour un crabe? = **2°** Voilà un melon tout **meur**tri! tu l'as **heur**té (1), sans doute, ou la bâche a pesé dessus. — Où dem**eur**e votre avocat?

124e Th. Voyez comme mon lilas a fl**eur**i en Avril!
Voyez comme mes—l— fl**eur**i en Avril!
Mon Dieu, que la hase est donc p**eur**euse!
Mon Dieu, que les —!

Ainsi que vous le voyez dans dem**eur**e, pl**eur**ez, *etc., etc. :*
On met très-souvent **eu** avant un *r* pour peindre l'*e muet.*

129e Dictée. — **1°** Le lâche, le cruel, le barbare Caïn ne pl**eur**a pas après le **meur**tre d'Abel; il ne témoigna pas même de chagrin! — Le chef des Apôtres a fixé sa dem**eur**e à Rome. =

---

(1) Voyez la Remarque générale, page 124.

2° Le petit Léon ne **pleure** jamais lorsqu'il tombe. — Ne t'élance pas par là, Lucas; ou tu te **heurte**ras (1) contre la muraille, et tu te feras quelque m**eur**trissure.

---

§ III, *ou : Il n'y a plus une* **seul***e* **feuill***e sur ce* **peupl***e* (*ou* **peupl***ier*).

128ᵉ **Copie.** — **1°** Le chat a une **gueule**, le lion a une **gueule**, comme tous les carnivores; mais le cheval a une bouche, l'âne aussi. — Je suis sûre que ce hâle flétrira tout, jusqu'aux **feuill**es des arbres. = **2°** Qu'un av**eugl**e ne conduise pas un av**eugl**e! — Gustave, qu'as-tu vu à travers le **feuill**age? Est-ce un chevr**euil**, un écu**reuil**? — Le **peupl**e juif est dispersé sur toute la surface du globe.

125ᵉ Th. Le **peupl**e a toujours jugé en av**eugl**e,
Les p— jugé en a—.
Pourquoi mon bon ami est-il vêtu de d**euil**?
Pourquoi mes b—a— de d**euil**?

Comme vous le voyez dans **seule, feuille, peuple,** *etc., etc.* :
On met très-souvent **eu** pour peindre l'*e muet* avant *l, il, ill, bl, gl, pl,* etc.

130ᵉ **Dictée.** — **1°** Vous direz : La **gueule** d'un requin, la **gueule** du crocodile, et en général la **gueule** des poissons. — Lorsque tu liras bien, Alexandrine, tu t'amuseras toute **seule**. — Le **feuill**age de ce chêne est impénétrable aux rayons du soleil. = **2°** Tombez, **feuill**es légères :

---

(1) Voyez la Remarque générale de la page 124.

tombez, et jonchez le seuil de ma demeure. — Voyez cet aveugle qui se guide avec son bâton ! il marche avec sûreté, il ne se heurte pas : Dieu le garde.

94e LEÇON.

§ Ier, ou : *Quand* tu *te promènes, t'amuses*-tu *bien ?*

126e Thème et 127e.

1. Je *chante*, et *tu* chantes.
Je *danse*, et *tu* d—.
Je *pleure*, et *tu* pl—.
Je me *console*, et *tu* te—.
Je me *rogne* un ongle, et *tu* te r—l—.

2. Je me *coupe* un cheveu, et *tu* te coupes les ch—.
Je *plie* mon jupon, et *tu* pl—tes j—.
Je *joue* avec mon frère, et *tu* j—avec tes f—.
J'*éternue* souvent, et *tu* é—.

Vous le voyez dans **tu te promènes, t'amuses-tu?** — **je chante tu chantes**, *etc. :*
On met **es** à la fin des mots de verbes qui sont joints à *tu*, (et qui finiraient par **e** s'ils étaient joints à *je*).

129e Copie.

Mettre *v* sous les verbes.

1° Lorsque *tu* travailles bien, *tu* éprouves de la satisfaction, n'est-ce pas? — Maman, que de fourmis sur le monticule où *tu* marches ! — Caroline, *tu* n'étages pas assez ton châle, *tu* te hâtes trop. = **2°** Désires-*tu* des figues, Nicolas ? en voilà cinq. — Mon père, le magistrat que *tu* invites est donc ton ami? — Pendant que *tu* étudies ta fable *tu* regard**es** tout ce qui se passe, cela est mal. — Pri**es**-*tu* Dieu chaque matin ?

131e Dictée.— 1° Je désire que *tu* te promèn**es** au Jardin-des-Plantes, et que *tu* visit**es** les animaux rares. — Si *tu* plant**es** cet orme devant le seuil de la porte, tu te reposeras dans ta vieillesse à l'abri de son feuillage. = **2°** Ne pinc**es**-*tu* pas de la harpe, ma tante ? — Mon Gabriel, si *tu* n'écout**es** pas les conseils de ton père, tu en seras fâché après. — Ne te hât**es**-*tu* pas trop lorsque *tu* travaill**es** ?

---

§ II, *ou : Lorsque* nous *nous sépar*â**mes**. — *pleur*â**tes**-vous ?

130e Copie.

Mettre *v* sous les verbes.

1° Après l'ouragan, *nous* poursuivî**mes** notre voyage ; *nous* nous dirigeâ**mes** vers la Martinique, mais *nous* hâtâ**mes** ainsi notre perte, car bientôt *nous* échouâ**mes** : depuis lors *nous* som**mes** dans cette île déserte. = **2°** *Vous* fû**tes** mal conseillé lorsque *vous* me désobéî**tes**. — Ê**tes**-*vous* sage aujourd'hui, ma petite fille ? — (*Vous*) Ne fai**tes** jamais à votre frère ce que vous ne voudriez pas pour vous.

Comme vous le voyez par nous nous séparâmes, *vous* pleurâtes, *etc., etc.* :

On termine par **es** le mot du verbe joint à *nous* et à *vous*, et qui finit par **mes** ou par **tes**.

132e Dictée. — 1° *Nous* som**mes** sages aujourd'hui, maman, nous mèneras-tu à la foire? — *Nous* **admirâmes** en ces lieux l'éclat du soleil à son déclin, et dans notre admiration *nous* nous **tûmes**. = **2°** *Vous* **êtes** levé, débarbouillé, vêtu; (*vous*) **faites** votre prière, Eugène. — *Vous* **dites**, Émilia, que la couleuvre est venimeuse, vous vous trompez. — Lorsque *vous* **surprîtes** la curieuse Gertrude, ne lui **fîtes**-*vous* pas honte?

95e LEÇON.

ou : *La* terre *tourne*, *toutes les* planètes *tourn***ent**.

131e Copie.

Mettre *v* sous les verbes.

1° Les bœufs et les *vaches* beugl**ent**, les brebis et les *moutons* bêl**ent**, les *pigeons* roucoul**ent**, les *colombes* gémiss**ent**, les *poules* chant**ent**, les *singes* cri**ent**; et mes amis? *ils* parl**ent**, *ils* chant**ent**, *ils* ri**ent**;... *ils* cri**ent** aussi quelquefois. = **2°** Les *souris* mang**ent** tout ce qu'*elles* trouv**ent**, mais les *chats* mang**ent** les souris. — Voyez donc Antonin et Noel, comme *ils* se redress**ent**, comme *ils* lèv**ent** la tête; *ils* ne regard**ent** pas même ceux *qui* les salu**ent**. Fi! les vaniteux!

128e Thème.

L'*israélite* captive soupire, *elle* pleure,
Les *israélites* captives soupir**ent**, *elles* pl—.
Son *cheval* arabe remue, *il* s'élance,
Ses *ch*—.

Une petite *fille* pieuse n'oublie pas sa prière, *elle* prie,
Les p— leurs p—, *elles* p—.

Comme vous le voyez dans les planètes tournent, *etc., etc.* :
On écrit par **ent** l'*e* muet à la fin des verbes joints à un *substantif pluriel*, à *ils*, à *elles*, etc.

132e Copie.

Mettre *v* sous les verbes.

1° Les *chevaux* arabes cour**ent** vite. — Les *cochons* viv**ent** dans les étables. — Les *vignerons* plant**ent** la vigne; *ils* la soign**ent**, et *ils* récolt**ent** le vin. — Les *nègres* peupl**ent** une grande portion de l'Afrique, je voudrais qu'on me désignât tous les lieux où *ils* se trouv**ent**. = 2° Il y a des animaux qui n'ont ni jambes, ni nageoires, et *qui* cependant avanc**ent** avec rapidité, (*qui*) mont**ent** aux arbres, et (*qui*) nag**ent** dans les ondes ; ce sont les reptiles.

129e Thème.

L'*écolière* paresseuse ne termine pas sa tâche,
Les *é*— leurs t—.
Une jeune *fille* soigneuse ne se tache pas,
Les j—.
Ce joli *jeu* m'amuse beaucoup,
Ces j—.

133e Dictée. — 1° Maman, les *poules* chant**ent**. *Elles* pond**ent** sans doute, ma fille. Ah! voici des poules *qui* se promèn**ent**, *elles* s'avanc**ent** jusqu'à nous; *elles* nous demand**ent** leur orge peut-être? = 2° Voyez les poules *qui* se disput**ent** l'orge; *elles* se poursuiv**ent**... que d'avidité lorsqu'*elles* l'aval**ent** ! mais que veul**ent**

elles donc encore? *elles* cherch**ent** dans le sable. *Elles* veul**ent** des insectes.

134e **Dictée.** — **1°** Les *cochons* fouill**ent** avec leur groin. — Les *souris* mang**ent** le fromage et la chandelle, et, ce qui est encore plus désagréable, *elles* rong**ent** le linge et les hardes. = **2°** Les *lis* ne sèm**ent** point, *ils* ne fil**ent** point; et de quoi manqu**ent**-*ils*? — Les *rats* rong**ent** comme les souris. — Il y a de grandes rivières *qui* se précipit**ent** avec fracas, et (*qui*) form**ent** d'admirables cataractes.

96e LEÇON.

ou : Je *le* dir**ai** *naïvement* : Je *pri***ai**, *et* j'*espér***ai**.

Mettre *v* sous les verbes.

133e **Copie.** — **1°** Si tu pleures sans motif, *je* te gronder**ai**, Léonide. Maman, quand *je* ser**ai** grande, *je* fer**ai** comme Estelle, *je* ne pleurer**ai** plus; mais je suis si petite!... — *Je* m'écorch**ai** aux ronces qui bordent le chemin. = **2°** La mère de Colas est morte; hé bien! *je* ser**ai** sa mère, *je* l'élèver**ai**; et toi, Gaston, tu seras son frère, n'est-ce pas? — Mon Eugène, *je* distribu**ai** toutes tes vieilles hardes à ces infortunés.

Comme vous le voyez dans je dirai, je priai, *etc., etc.* :
Le son *é* s'écrit par ai à la fin des verbes joints à *je*.

130e Thème.

Finir les mots commencés.

Demain *je* travailler**ai** bien;	Hier *je* travaill**ai** bien.
Demain *je* tomber—peut-être;	Hier *je* tomb— ici.

Demain *je* broder—une feuille; Hier *je* brod—.
Demain *je* jouer—avec toi; Hier *je* jou—.

135e **Dictée.** — **1°** Maman, si tu me mènes chez Alexandre, *je* ferai demain une tâche double, je t'assure; puis *je* t'obéirai toujours, *je* serai sage!... Hé bien, *je* t'y conduirai, mon Émile; mais tu ne manqueras pas à tes promesses? Oh! non, *je* ne serai pas ingrat! = **2°** Lorsque *je* visitai avec papa les animaux féroces, deux lions hérissèrent (1) leur crinière et (*ils*) rugirent; moi, *je* les regardai en face : as-tu autant de courage, toi? — *Je* conduirai Anna aux Tuileries. (*Indiq. ce pluriel.*)

97e LEÇON.

ou : Ah! quelle *fum***ée**, ma chère *Edm***ée**!

134e **Copie.** — **1°** Mon ami, prenez cette grosse drag**ée**! — Ah! que ta poup**ée** est donc barbouill**ée**, ma Désir**ée**! — Ma petite mère, qu'est-ce qu'une mosqu**ée**? Une mosqu**ée** est une sorte d'église pour les musulmans. = **2°** Je voudrais que ma petite Edm**ée** essuyât ces feuilles toutes mouill**ées** de ros**ée**. — Que porte cet ange! une ép**ée** flamboyante? — Madame, je ne bâillerai plus jamais lorsque vous me ferez écrire une dict**ée**.

Ainsi que vous le voyez dans fumée, Edmée, *etc., etc.* :
On met **ée** à la fin des mots féminins terminés par le *é*.

(1) Voyez la Remarque générale, page 124.

131e Thème.

Mon châle est déployé,	Ma petite écharpe est dépl—.
Son pâté est gâté,	Sa pât— est g—.
Ses crayons sont taillés,	Ses charmilles sont t—.
Ces marbres sont jaspés,	Ces balsamines sont j—.

136e **Dictée.** — 1° Ah! maman, la poupée d'Edmée est tombée dans la cheminée; voyez donc, sa robe est toute brûlée! — Quelles belles et brillantes fusées ont été (*été ne change jamais*) lancées ici dans la soirée! = 2° Admirez mes giroflées rouges panachées. — A qui sont donc ces vieilles épées rouillées? — Les bambous sont des graminées de contrées très-éloignées. — Ma Désirée, ta dictée est achevée.

98e LEÇON.

§ Ier *ou : Xavier, voilà un prunier et un noyer.*

135e **Copie.** — 1° Noémi, à qui portes-tu ce panier de framboises et ces délicieuses dragées? — Les ouvriers sans ordre chôment le Lundi. — Je voudrais que monsieur (1) Royer me fabriquât du papier avec ces débris de toile de chanvre, de lin, de coton. = 2° Les fleuves coulent sur du sable et du gravier. — Voilà le premier Janvier, je recevrai de maman un joli tablier brodé. — Olivier, le cacaotier ou cacaoyer nous procure le cacao, le noyer les noix.

(1) Nous plaçons ici ce mot, très-irrégulier, à cause de la grande nécessité où les jeunes élèves sont d'en connaître l'orthographe.

132e Thème.

Le pal**ier** termine l'étage d'un escal**ier**,
Les p— des es—.
Le palm**ier** est un végétal exotique, comme ce caf**éier**,
Les p—.

Ainsi que vous le voyez dans Xavier, prunier, noyer, *etc.*, *etc.* : On met généralement **er** à la fin des mots terminés en *ié* ou en *yé*.

137e **Dictée.** — **1°** Les botanistes rangent dans la famille des rosacées, avec le ros**ier** ou l'églant**ier**, beaucoup d'arbres fruit**iers** : l'amand**ier**, le prun**ier**, l'abricot**ier**, le poir**ier**, le néfl**ier**, etc. — Le chat partage le fo**yer** domestique. = **2°** Dans le pap**ier**, on distingue plusieurs formats, le format écol**ier** est un des moindres. — Monsieur Ro**yer** est un magistrat distingué.— Xav**ier**, votre lo**yer** **est**-il **payé** (1), et n'**avez**-vous pas **oublié** (1) Bo**yer**, le vitr**ier**?

§ II, *ou : J'ai visité votre clo***cher** *avec deux étran***gers** *et un conse***iller**.

136e **Copie.** — **1°** Dans nos armées, on a vu des ar**chers**, des arbalétriers, etc., etc. — Mon père, ne seras-tu pas conse**iller** de préfecture? — Où sommes-nous ? voici des boutiques de bou**chers**, d'épiciers, de boulan**gers**. = **2°** Voulez-vous que j'aille avec le jardinier dans le po-

(1) Voyez la Remarque importante qui est placée en tête de la 100e leçon, page 151.

tager? — Hé, mon ami, tire-moi du danger! — Avec quel fracas la rivière tombe de ce rocher! — Un pigeon **a perché** (1) dans mon poulailler.

133e Thème.

Ce nuage lé**ger** se colorera au **coucher** du soleil,
Ces n— au cou**cher** du soleil.
Le va**cher** soigne ses vaches, le ber**ger** soigne ses brebis et ses moutons;
Les vach— leurs v—, les b—.
Quel magnifique cornou**iller** dans ce pota**ger**!
Quels m—!

Comme vous le voyez dans clocher, étranger, conseiller, *etc.*, *etc.*:

On termine généralement par er les mots qui finissent en *ché*, en *gé* et en *illé*.

138e **Dictée.** — **1°** Qu'admires-tu, Didier? Ce clo**cher** si lé**ger**. — Est-ce donc là le pê**cher** qui vous procure des pêches hâtives? — Sommes-nous loin d'Al**ger**? — Mon Dieu, préservez de tout dan**ger** papa, maman, mes frères et moi. — Voilà un joli cornou**iller**. = **2°** Ro**ger**, tous les animaux à bourse (ou poche) sont étran**gers** à l'Europe. — Messa**ger**, traversez mon ver**ger**; admirez mes poiriers, mes abricotiers et mes pê**chers**. — Quelle charmante petite poupée j'ai trouvée sous mon orei**ller**!

(1) Voyez la Remarque importante, page 151.

99e LEÇON.

§ Ier, *ou : Songe* à *peler tes poires avant* de *les manger.*

NOTA. — *Les mots des verbes qui finissent par* er, ir, re, oir, *sont des verbes à l'***infinitif.**
Les infinitifs finissent toujours par **er, ir, re, oir,** *sans* **s** *à la fin.*

137e **Copie.** — **1°** Désirée, à quoi ton frère s'**est**-il **amusé** (1)? Ma petite maman, *à* se promen**er** dans le jardin, *à* se balanc**er**, puis *à* jou**er** aux quilles. — Le cube a la forme d'un dé *à* jou**er**. — On s'amuse plus *à* jou**er** qu'*à* regard**er** sa parure. = **2°** Pourquoi les faneuses retournent-elles le foin avec leurs fourches avant *d*'en form**er** un tas? C'est afin *de* l'expos**er** de tous les côtés aux rayons du soleil, et *de* le séch**er**. — N'oubliez jamais *de* remerci**er** ceux qui vous servent.

134e Thème et 135e.

Dans ce thème et dans les suivants, finir le mot commencé.

1. Je demande *à* parl**er**,	**2.** Tu oublies *de* te hât**er**,
Je cherche *à* m'amus—,	Tu redoutes *de* tomb—,
Je demande *à* dans—,	Tu oublieras *de* parl—,
Je trouverai *à* glan—,	Tu me blâmes *de* bâill—.

Ainsi que vous le voyez dans à pel**er**, *de* mang**er**, *etc., etc. :*
1° On écrit le son *é* final par **er** dans les verbes qui sont placés après les invariables *à, après, de*, etc., *car ces verbes sont toujours à l'infinitif.*

139e **Dictée.** — **1°** L'ignorance, toujours, est prête *à* s'admir**er**. — Olivier s'**est amusé** (1) *à*

(1) Voyez la Remarque importante placée en tête de la 100e leçon, page 151.

plum**er** son bouvreuil; son papa s'est vu forcé (1) *de* le grond**er** et même *de* lui tir**er** quelques cheveux, et puis *de* le chass**er** de sa chambre. = **2°** Edmée, évite *de* contrari**er** tes petites compagnes, *de* cherch**er** *à* les domin**er** dans vos jeux, *de* leur impos**er** tes volontés et tes caprices.— Une petite fille bien élevée a soin *de* vid**er** sa bouche et *d'*essuy**er** ses lèvres avant de boire.

§ II, *ou : Finiras-tu* par *march***er** *vite* (pour *t'éloign***er**) sans *tomb***er**?

138e **Copie.** — **1°** Si vous travaillez mal, Eugénia, vous finirez *par* fâch**er** votre institutrice. — Les arbres ne **sont** pas **créés** (1) *pour* procur**er** à la paresse de délicieux ombrages; mais *pour* assur**er** notre subsistance et *pour* nous abrit**er** contre les rayons du soleil. = **2°** Je voudrais qu'on examinât mes minéraux *sans* les chang**er** de place, *sans* les touch**er**. — Jouez à cache-cache, mes amis, mais *sans* vous heurt**er**, et *sans* bris**er** mes meubles.

136e Thème et 137e.

1. Je finirai *par* te grond**er**,	**2.** Je le liai *pour* le gard**er**,
Tu finiras *par* te pinc..,	Tu me lias *pour* t'amus..,
Je me lève *pour* jou..,	Marche *sans* te heurt..,
Tu te lèves *pour* travaill..,	Explique-toi *sans* pleur...

Comme vous le voyez dans par march**er** vite, *sans* tomber, *etc., etc. :*

2° Le son *é* final s'écrit par **er** dans les verbes qui sont placés après les invariables *par, pour, sans; car ces verbes sont toujours à l'infinitif.*

(1) Voyez la Remarque importante, 100e leçon, page 151.

140e **Dictée.** — 1° Vasco de Gama a fini *par* trouver le passage aux Indes par l'Océan. — Quelques volatiles, tels que les canes, les pélicans, etc., **sont conformés** *pour* nager dans les rivières peu profondes ou (*pour*) les passer à gué, et *pour* marcher. = 2° Ce digne ouvrier finira *par* travailler *sans* se reposer *pour* soulager sa vieille mère. — L'action de teiller le chanvre consiste à en briser les tiges *pour* en détacher les fibres. — Olivier, resteras-tu bien quelque temps *sans* respirer ?

§ III, *ou : Il ne* faut *pas pleurer lorsque je* désire *vous coucher*.

139e **Copie.** — 1° Francine *a voulu* monter sur la montagne malgré sa mère ; elle **est tombée**, tant pis pour elle ! Les petites filles *doivent* écouter les conseils. — Lorsqu'on vous éveille le matin, il *faut* vous lever tout de suite, il ne *faut* pas pleurer. = 2° Les reptiles, ce sont des bêtes qui *doivent* ramper ; qui ne *peuvent* pas voler comme les serins, etc., et qui ne *peuvent* pas non plus marcher, comme les quadrupèdes ou les bipèdes, parce qu'ils n'ont pas de pieds (1). — Oh ! mon papa, comme Fidèle *sait* (2) bien nager !

(1) La remarque générale placée page 135 s'applique à tous les sons et à toutes les articulations de la langue française. Le mot pied ressemble pour le sens aux mots *quadrupèdes, bipède, piédestal, pédestre*, etc. ; il en doit conserver le **d**.

(2) Le verbe *sait* est formé de l'infinitif *savoir ;* il doit en conserver l'**a**.

138e Thème. Il *faut* toujours avou**er** la vérité,
Je *désire* embrass.. maman,
Tu *devras* travaill.. avec courage,
Je te *ferai* lou.. un âne ou une ânesse,
Et ensuite je te *mènerai* promen..

Comme vous le voyez dans je *désire* vous couch**er**, *etc.*, *etc.* :

3° On écrit par **er** le son *é* final dans les verbes qui sont placés après un autre verbe, et qui en complètent le sens; *car ces verbes sont à l'infinitif.*

(Cette remarque n'est pas applicable aux mots placés après un mot du verbe *être* ou du verbe *avoir*.)

141e Dictée. — **1°** Si tu es malpropre, Julia, on te *fera* mang**er** toute seule dans ta chambre. — Qui *veut* voyag**er** loin ménage sa monture. — Les reptiles *peuvent* demeur**er** longtemps cachés dans des trous sans respirer. = **2°** Vous *vîtes* hier matin le soleil se lev**er**, vous *pouvez* admir**er** maintenant le coucher de cet astre. — Des manières nobles, aisées, gracieuses *font* pass**er** la plus modeste parure. — *Venez* vous plac**er** près du foyer, Noémi !

100e LEÇON,

ou : Je suis *fatigu***é**, *j'*ai *tant marché* !

REMARQUE IMPORTANTE. — Le mot qui est placé après un mot du verbe être ou du verbe avoir, et qui ressemble un peu à un verbe, est un adjectif formé d'un verbe (un participe).

L'adjectif formé d'un verbe ne doit jamais finir par er.

140e Copie. — **1°** Combien je *suis* importun**é** par les abeilles ! — N'*es*-tu pas fatigu**é**, Octave ? repose-toi ! — Tout le blé *est*-il coup**é** ? la moisson *est*-elle achev**ée** ? — Nous *sommes* lev**és** depuis longtemps. = **2°** J'*ai* désir**é** de passer une journée avec ma Clotilde — N'*as*-tu pas heurté cet aveugle? — Salomon *a* demandé à Dieu la sagesse, sa prière *a*-t-elle *été* exaucée? — Nous t'*avons* acheté deux pigeons à gorge changeante.

139e Thème et 140e.

1. Je *suis* tombé,	**2.** J'*ai* brisé une bambou,
Tu *es* recherch.,	*As*-tu taill. ton rosier?
Noel *est* fatigu.,	Il *a* hât. son voyage,
Léon, *êtes*-vous choy.?	Nous *avons* voyag.,
Anna, *êtes*-vous choy.?	*Avez*-vous rêv.?

Comme vous le voyez dans je *suis* fatigué,— j'*ai* marché, etc., etc.: On écrit *régulièrement* paré (és, ée, ou ées) le son *é* final des adjectifs venant d'un verbe, et qui généralement sont placés après un mot du verbe *être* ou du verbe *avoir*.

101e LEÇON,

ou : Nous voilà dans la saison *du* raisin.

141e Copie. — 1° La fanaison, c'est l'époque où l'on fane les foins. — Il y a des petites filles qui dandinent toujours sur leur chaise, qui répondent tout bas quand on leur parle; ce sont de petites niaises, et voilà tout. — Nicaise, le hersage (1) n'est pas fini. = **2°** L'été est l'une des quatre saisons, c'est la saison des orages. — Les falaises, ce sont des élévations, des rochers escarpés près des côtes. — Les rubans plaisent beaucoup aux petites filles.

141e Th. La chenille prévoyante se file une maison
Les ch— des m—
Ce chemin biaise trop peu,
Ces ch—.

(1) Puisqu'on doit dire le hersage, vous comprenez pourquoi il faut commencer ce mot par *h*. — Revoyez la Remarque générale, page 124.

Un joli **faisan** doré lustre ses plumes,
Douze j--f— leurs pl—.

Comme vous le voyez dans saison, raisin, *etc., etc.* :
On met **ai** pour peindre le son *è* avant un **s** prononcé *z*.

142e Dictée. — 1° Blaise, mon ami, vous pouvez manger de ces **fraises** parfumées. — Que la **raison** seule vous dirige dans toutes vos actions. — Lorsque vous êtes propre, vos amis sont bien **aises** de jouer avec vous. = **2°** Quelle fête dans nos campagnes que la récolte du **raisin** ! comme chacun se hâte de dépouiller la vigne ! — Nous voici en Janvier : la **saison** est rude, le **malaise** général; songe à soulager les misérables.

102e LEÇON,

*ou : J'ai visité avec une diz***aine** *de mes amis les rives afric***aines** (africain).

142e Copie. — 1° Il y a en Europe une **quinzaine** d'États principaux, il y en a une **vingtaine** dans l'Afrique. — Isidore, nombrez avec moi, et dites : Unités, **dizaines**(1), **centaines**; mille, **dizaines** de mille, **centaines** de mille ; etc. Fort bien ! = **2°** **Germaine** (2), la république **romaine** (2) a été très-florissante. — Tu désires de la moutarde, tu n'as qu'à broyer cette petite **graine** (2) de sénevé.

NOTA. — *Les mots* pleine (*la bouche* pleine), sereine, peine, *ayant pour dérivés* plénitude, sérénité, pénible, *s'écrivent avec* **ei**.

(1) Faire remarquer le **z** (en place du *s*), dans le mot dizaines.
(2) *Germaine* est le féminin de Germain ; — *romaine* de romain ; — *graine* vient de grain.

142e Thème.

Une pl**ai**ne est une grande surface du globe, presque pl**a**te,

Des pl—ce sont de gr— du globe, pr—pl—.

Tu ne seras pas v**ai**ne, la v**a**nité est odieuse,

Vous ne s— , la vanité est odieuse.

Vous le voyez dans **dizaine**, — et *dans* **africaine** (*d'africain*), *etc., etc.* :

On finit par **aine** les mots en *ène* : 1° quand ils désignent un nombre; — 2° quand ils sont le féminin d'un mot en *ain* (enfin lorsque leur dérivé présente un *a*.)

143e Dictée. — **1°** Une **dizaine** (1) se compose de dix unités, Léon, une **centaine** se compose de dix **dizaines**, dix **centaines** forment un mille. — Maria, j'ai gagné trois **douzaines** de macarons, désires-tu en manger ? = **2°** Quelle écriture préfères-tu, mon papa, la bâtarde, la coulée, l'anglaise, ou l'expédiée **américaine** (2)? — Mais tu es sans raison, Octave, le chat n'a pas la force de **traîner** (2) ta voiture !

103e LEÇON,

*ou : Mon propriét***aire** *est sexagén***aire**.

143e Copie. — **1°** Voulez-vous demander un joli *livre* à gravures à votre **libraire** (3)? — Si vous êtes *seule*, Blanche, jouez au **solitaire** (3). — Madame, vos poires de crassane sont **extraordinaires** en vérité ! = **2°** Martin, les fées que vous croyez si redoutables sont des êtres **imaginaires**. — La pêche est **originaire** de la Perse. — Pascal, seras-tu avocat ou **notaire** (3) ?

(1) Indiquer le **z** du mot *dizaine*.

(2) *Américaine* vient d'américain ; — *traîner* conserve l'*ai* de train.

(3) On termine par **aire** les mots en *ère* qui sont formés d'un mot plus court : Ex. *libr***aire**, de livre; — *not***aire**, de note.

143e Thème.

Admirez le chêne séculaire qui domine le rocher,
Admirez les ch—.
La louve est un animal sanguinaire,
Les l—.

Comme vous le voyez dans propriétaire, libraire, sexagénaire, *etc., etc.* :

On termine en général par **aire** les mots en *ère* qui se prononcent et s'écrivent de même au masculin et au féminin, comme *sexagénaire*, *extraordinaire*, etc.; — en effet, on écrit : Il est sexagén*aire*, elle est sexagén*aire*; il est extraordin*aire*, elle est extraordin*aire*, etc., etc.

144e Dictée. — 1° Gaston, seras-tu milit**aire**? — Écoute bien ! le sexagén**aire** a soixante ans, le septuagén**aire** en a soixante-dix, l'octogén**aire** quatre-vingts. — Nos côtes méridionales étaient infestées par des pirates ou cors**aires** avant la prise d'Alger. = **2°** Le cèdre gigantesque qui orne le Jardin-des-Plantes est plus que centen**aire**. — Pour l'ordin**aire**, un cadran sol**aire** consiste en une tige fixée sur une muraille, etc. — Évitez le langage vulg**aire**.

104e LEÇON,

ou : Danseras-tu un *menu***et** *au son* du *flageol***et**?

144e Copie. — 1° Ma sage Antonine a toujours soin de plier son mantel**et** ou son châle. — Papa, nous avons vu dans ce noisetier toute une nichée de roitel**ets**. — Savez-vous broder au croch**et**, mesdemoiselles? = **2°** Prenez garde, Noel, de vous blesser avec ce fleur**et**. — Ernestine, voilà des croqu**ets** et des macarons, prenez-en. — Minet m'a égratigné! — Voudras-tu que je me promène en batelet, maman? — Blaise, venez jouer aux jonchets avec Babet.

144e **Thème.**

Babet, le brochet est un poisson très-vorace,
Babet, les b—.
Je suis inquiet de mon jardinier, il est bien replet,
Nous sommes inq— de nos j—.
Ah! mon haquet qui se brise!
Ah! mes h—!

Comme vous l'avez vu dans menuet, flegeolet, *etc., etc.* :
On met très-souvent **et** à la fin des mots masculins en è.

145e **Dictée.** — **1°** Les rois de France portent le deuil en violet. — Quel joli bouquet de giroflée blanche! — Jouez au furet, mesdemoiselles. — L'édredon est le plus léger de tous les duvets. — Babet, fermez donc les volets, le soleil nous aveugle. = **2°** On m'a acheté pour le premier Janvier deux magnifiques fouets, un flageolet, et un bilboquet d'ébène. Et à moi, une belle montre et un cachet. — Les lièvres broutent le serpolet.

105e LEÇON,

ou : Tracez ici une **raie** *avec de* la **craie.**

145e **Copie.** — **1°** Pour l'ordinaire la baie est plus petite que le golfe, saviez-vous cela? — Une chênaie est un lieu planté de chênes, comme une frênaie est un lieu planté de frênes. = **2°** Ma chère Caroline, tu seras toujours vraie, n'est-ce pas? — J'ai vu des soldats former la **haie** (1) sur le passage du roi. — La **raie** est un poisson plat. Il y a de la **raie** bouclée.

145e Thème.

Le nègre lance bien sa zag**aie** (sorte de javelot),
Les n— leurs z—.
Mon cheval arabe a franchi cette **haie** (1),
Nos ch—.

Vous le voyez dans une raie, la oraie, *etc., etc.*:
On termine souvent par **aie** les mots féminins qui finissent par le son *è*.

146e **Dictée.** — **1°** Je vous dirai, Louise, que les coudr**aies** sont les lieux plantés de coudriers ou de noisetiers; que les osiers abondent dans les oser**aies**, comme les rosiers dans les roser**aies**,... et les dragées dans cette boîte : ouvrez-la, et prenez. = **2°** L'ivr**aie** est une graminée à graine noire, qui pousse au milieu des blés. — Un sanglier et une l**aie** ont été vus dans la fut**aie**. — J'ai dans ma chên**aie** des chênes séculaires.

106e LEÇON,

*ou : Ce malt***ais** *s'est fixé dans l'Orléan***ais**.

146e **Copie.** — Tu répètes toujours : Émile est angl**ais**! tu te trompes, et je t'expliquerai pourquoi : les naturels de la Grande-Bretagne se divisent en Angl**ais** et en Écoss**ais**; les naturels de l'Irlande sont des Irland**ais**; Émile est donc irland**ais**, puisqu'il est né à Dublin.

---

(1) Pour le *h*, voyez la Remarque générale, page 124.

Vous le voyez dans maltais, Orléanais, *etc., etc.*:
On termine par **ais** les noms de peuples et les noms de provinces qui finissent par le son è.

147e Dictée. — Léontine, répondras-tu bien à toutes mes questions ? Écoute : le naturel du Portugal est un...? Un portug**ais**, maman. Et les naturels de la Pologne, ce sont... ? Les Polon**ais**. Très-bien, voilà un cornet de dragées. — Lors de ton voyage dans le Nivern**ais** et dans le Viva**rais**, je te ferai traverser le Gâtin**ais**, la province au bon miel.

107e LEÇON,

ou : *Quand* je *pleur*ais tu *me consol*ais.

147e Copie. — Ah! mon Dieu, mon Dieu, je suis tout écorché! Comment as-tu pu tomber ainsi, Colin? ne voy**ais**-*tu* donc pas le fossé? Non madame, *j'*av**ais** la tête tournée, *je* regard**ais** du côté de l'oseraie. Si *tu* ét**ais** moins étourdi, *tu* regarder**ais** toujours à tes pieds et *tu* ne tomber**ais** pas; mais sèche tes larmes, Colin, voilà des croquignoles, cela te guérira.

146e Thème.

Je m'achemin**ais** vers toi, *tu* le sav**ais**,
Je gémiss..., et *tu* me consol...,
Je lis..., et *tu* m'écout...,
Je ri..., et *tu* t'amus.....

Comme vous le voyez dans je pleurais, *tu* consolais, *etc., etc.* :
On termine en général par **ais** les verbes qui sont joints à *je* et à *tu*, et qui finissent par le son è.

148e Dictée. — **1°** Si *tu* sav**ais**, Didier, comme Minon est drôle avec sa petite gueule toute barbouillée de crème! que *je* voudr**ais** qu'il se dirigeât de ce côté! *Tu* rir**ais** aux éclats si *tu* le voy**ais** se lécher les barbes. = **2°** Mon papa, pendant que *tu* ét**ais** en voyage, *je* parl**ais** avec politesse aux domestiques, *je* les remerci**ais** toujours; demande-le à maman! *J*'espér**ais** bien que *tu* ser**ais** sage, André, aussi je t'ai acheté une belle épée, la voilà.

108e LEÇON,

ou : Un octogénaire *plant***ait**..... il *radot***ait**, *dis***ait**-on!

148e Copie. — **1°** La petite *Gabrielle* av**ait** un serin privé *qui* voltige**ait** partout dans sa chambre, et (*qui*) se pos**ait** sur ses cheveux; *il* dis**ait** et (*il*) redis**ait** sans cesse : Mon Fifi! mon mignon! baisez vite! baisez vite! = **2°** *Cela* ét**ait** fort joli; mais trop joli pour Gabrielle, car *elle* néglige**ait** souvent son travail; au lieu d'achever sa tâche, *elle* jou**ait** avec son serin... et sa mère se trouva forcée de la priver de cette distraction, de lui ôter son serin.

147e Thème. Je chantais et *il* dans**ait**,
Tu labourais et il sem...,
Je priais et Dieu m'écout...,
Tu soupais et André se couch...,
Je demandais le médecin, et il ven...

Ainsi que vous le voyez dans un *octogénaire* plantait, *il* radotait, *etc., etc.* :

On termine presque toujours par **ait** le verbe joint à un *substantif singulier,* ou aux mots *il, elle, on,* etc., et qui finit par le son *è.*

149e **Dictée.** — **1°** La petite *Élise* **était** si malade qu'*on* croy**ait** qu'*elle* ne guérir**ait** point : sa *maman* ét**ait** toujours auprès d'elle; *elle* la consol**ait**, et (*elle*) la soign**ait**; quelquefois même *elle* la ten**ait** dans ses bras. = **2°** Souvent cette bonne *mère* ne mange**ait**, (*elle*) ne buv**ait**, ni (*elle*) ne dorm**ait** pour soigner sa chère malade; mais surtout *elle* pri**ait** sans cesse... Dieu écouta ses prières, et la petite Élise recouvra la santé.

109e LEÇON,

ou : Six forts chevaux *tir***aient** *un coche*, ils *su***aient**.

149e **Copie.** — **1°** Fanchon, si vous saviez, j'ai vu près d'ici deux petites filles *qui* **étaient** bien misérables; *elles* av**aient** des souliers si vieux et des bas si troués que leurs *pieds* **étaient** presque nus, leurs *robes* ét**aient** rapiécées. = **2°** *Elles* pleur**aient**, *elles* implor**aient** la pitié; *elles* demand**aient** des sous, mais *beaucoup* de ceux *qui* pass**aient** ne les écout**aient** même pas, j'étais bien chagrine : je n'ai à moi que ces poires, voulez-vous les leur porter?

148e Thème et 149e.

1. Votre *frère* essuy**ait** toujours ses pieds sur le paillasson,
Vos *f*— leurs p—.

Le *berger* s'asseyait au pied du hêtre séculaire,
Les *b*— au pied des h—.

2. Votre *cousine* taill**ait** une robe pour ma poupée, et
Vos *c*— des r—.
elle y travaill**ait** quand son institutrice l'a demandée,
elles y tr— quand leurs in— les ont d—.

Vous le voyez dans six *chevaux* **tiraient**, *ils* **suaient**, *etc., etc.* :
On termine par **aient** le verbe joint à un *substantif pluriel*, ou **à** *ils*, à *elles*, etc., et qui finit par le son *è*.

150ᵉ **Dictée.** — **1°** Maman, que nous nous sommes amusés dans le pré ! les *chèvres* nous **fuyaient**, *elles* grimp**aient** sur les rochers, et de là *elles* nous regard**aient**; les brebis et les *moutons* brout**aient** près de nous. = **2°** Les *bergers* s'assey**aient**, ou (*ils*) se couch**aient** au pied du hêtre; là *ils* jou**aient** du galoubet ou (*ils*) chant**aient** des chansons rustiques ; et mes jeunes *cousins* folâtr**aient** : tu aurais été bien aise d'être avec nous.

110ᵉ LEÇON.

§ Iᵉʳ, *ou* : **Bai**ssez *la tête, et parlez plus* **ba**s.

Relire la Remarque générale, page 135.

150ᵉ **Copie.** — **1°** Vous serez l'**ai**mi du bon Dieu, il vous **ai**mera, si vous l'**ai**mez, ma chère **Ai**mée. — Les chats sont c**a**rnivores, car ils **vi**-vent de chair. = **2°** **A**quilin, c'est-à-dire d'**ai**gle. — Je m'écl**ai**re avec la petite lampe de Cl**ai**re, la cl**a**rté de la lampe sol**ai**re me fatiguait. — Placez toujours les malades dans des chambres **a**érées, l'**ai**r leur est fort utile.

150° Thème.

Par : un magister on a désigné un maître d'école,
Par : des m—on—désigné des m— d'école.
Fanchon, prenez votre balai, et balayez cette chambre,
Fanchon et Victoire, prenez vos b—.

151° Dictée — **1°** Ces lieux sont-ils bien aérés? — L'aigle est le roi des airs. — Césaire et moi, nous naquîmes à Viterbe; nous aurions voulu naître à Rome, comme César ! = **2°** Claire est très-sanguine, le médecin l'a saignée hier, Clara ! —Voulez-vous faire fabriquer de la toile à la fabrique voisine ?

---

§ II, *ou Respectez Dieu, votre respect lui est dû.*

151° Copie. — **1°** Blanche, modérez même votre zèle pour vous instruire ; ce qui assure le progrès, c'est la progression et la régularité du travail. = **2°** Césarine est indiscrète ; vous, Césaire, vous serez toujours discret, n'est-ce pas? — Respectez la vieillesse, le respect des jeunes est la gloire et la satisfaction des vieux. — Alice, ta maman permet (1) que tu joues avec nous.

152° Dictée.— **1°** Si votre voisin était processif, il vous ferait un procès pour vous forcer à griller cette fenêtre. — Bouquetière, combien ce joli bouquet, ce paquet de germandrée? = **2°** Ces lieux sont suspects, ne trouvez-vous pas cette sombre forêt bien suspecte ? — Fi ! la vilaine

(1) Le mot *permet* vient du verbe *permettre*.

petite curieuse qui se **met** (1) aux portes pour écouter !

111e LEÇON,

ou *Notre* **pêche** *grêlée est tombée peut-***être**.

152e **Copie.** — **1°** N'est-ce pas avec le harpon que l'on **pêche** les marsouins? — Le campêche est un arbre d'Amérique. = **2°** La grêle détruira toutes les espérances de Blaise si elle tombe sur ses vignes. — Les moutons et les brebis bêlent. = **3°** Cousine, c'est aujourd'hui ta fête, voici un bouquet de roses. — Saluez ce prêtre vénérable. — Nanine, voulez-vous lacer les guêtres de Félicité? — Une limace ! fi ! la dégoûtante bête !

151e Th. Le manche de ta **bêche** est mince, **grêle**,
Les m— vos b—.
C'est peut-**êt**re ma chèvre qui **bêle**, André?
Ce sont p—nos ch—?

Comme vous le voyez dans pêche, grêlée, peut-être, *etc., etc.* :
On écrit très-souvent le son de l'*e* très-ouvert par ê avant *ch, l, t*.

153e **Dictée.** — **1°** Dépêche-toi de bêcher cette planche, tu y sèmeras de la chicorée. — Les espèces de poissons qui voyagent par bandes dans l'Océan sont l'objet de pêches très-importantes. = **2°** Que Clorinde est frêle ! — Triez les pêches qui sont ici pêle-mêle avec des poires. = **3°** Mon salpêtrier fabrique son salpêtre avec des sels tirés des plâtras de vieilles murailles. —

(1) Le mot **met** vient du verbe *mettre*.

La bête à Dieu est une charmante petite bête.

112e LEÇON,

ou : *L'***hydro***pique venu des régions* **hyper***bo-rées est un* **hypo***crite.*

153e **Copie.** — **1°** Mon père, vous parlez toujours d'**hydro**gène, qu'est-ce donc que l'**hydro**gène? — Nos ancêtres buvaient de l'**hydro**mel dans de larges coupes ciselées. = **2°** L'**hyper**bole, c'est l'exagération dans le langage. — Elles sont très-curieuses les relations de voyages chez certaines nations **hyper**borées : les Lapons, les Finlandais, etc., etc... — Méfiez-vous, Sara, le chat est **hypo**crite ; gare au fromage !

152e Thème.

Brûles-tu dans cette lampe du gaz **hydro**gène?
Brûlez-vous avec ces l— du g—?
La martre est un animal d'une région **hyper**borée,
La martre et la zibeline sont d— des r—.
Ambroisine est **hypo**condriaque,
Ambroisine et Edmée—.

Vous le voyez par **hydropique, hyperborées, hypocrite,** *etc., etc.* :

On commence par **hy** presque tous les mots en *idro*, en *iper*, et en *ipo*.

154e **Dictée.** — **1°** Le gaz avec lequel on éclaire nos boutiques, nos passages, c'est du gaz **hydro**gène carboné. — Ma petite Aimée, vous ne riez pas, vous ne jouez pas ; seriez-vous **hypo**condriaque ? = **2°** Pascal, vous dites parfois : Il y a dix ans que je sais cela ! cette manière de s'exprimer est une **hyperbole**, elle est **hyperboli**que. — Que l'**hypocrite** est méprisable ! — Voilà une belle lampe **hydrostatique** !

113e LEÇON,

ou: Marie est bénie de Dieu.

154e **Copie.** — 1° Ignores-tu, Mar**ie**, qu'une ondée n'est qu'une petite plu**ie**, une plu**ie** de courte durée ? Ce n'est qu'une ondée qui tombe, tu sortiras bientôt avec Félic**ie**. — Valér**ie** est bien rétabl**ie** de son esquinanc**ie**, mais Aspas**ie** a toujours de l'hydropis**ie**. = 2° Clél**ie** et Cornél**ie** étaient des Romaines qui aimaient beaucoup leur patr**ie**. — Anastas**ie**, tes cheveux sont dans un tel désordre que tu as l'air d'une véritable fur**ie**.

153e Th. Ma petite am**ie**, écoute la p**ie** d'Eugén**ie**,
Mes p—.
Ta jol**ie** broder**ie** était-elle fin**ie**, Jul**ie**?
Vos j— Jul**ie** et Luc**ie** ?

Comme vous le voyez dans Marie, bénie, *etc., etc.* :
On met **ie** à la fin des mots féminins terminés en *ie*.

155e **Dictée.** — 1° Écoutez, ma Luc**ie**, dans la hiérarch**ie** (1) de l'Église romaine, on place l'épiscopat avant le simple sacerdoce; ensuite on a le diaconat, le sous-diaconat, etc. — Zél**ie**, une petite fille pol**ie** est aimée de tout le monde. =

---

(1) Pour le *h* de hiérarchie, relisez la Remarque générale, page 124.

2° L'hypocrisie est le plus détestable de tous les vices. — Amélie, que feras-tu pour la fête de ta maman? Je lui broderai une jolie chaise en tapisserie. — Voyez donc la petite Léocadie qui veut soulever cette lourde hie (1).

114e LEÇON,

ou : Le vernis ajoute à la vivacité du coloris.

155e **Copie.** —1° Ivan, mangez de ce (2) hachis (2), et du coulis (2) d'oignon. — Mes cousins poursuivaient sur la route un lièvre; il gagna le taillis (2), et ils ne le tuèrent point. = 2° hé bien, mes neveux, quel est ce chamaillis (2)? comportez-vous donc en bons frères! — Que voilà des pêches d'un magnifique coloris (2)!

154e Th. Le guillochis (2) de votre bague est bien délicat,
Le g—de vos b—.
Quel magnifique semis (2) d'ananas!
Q—!

Vous le voyez dans vernis (de vern-ir), — coloris (de color-er), *etc., etc.* :

Le son i final s'écrit souvent par is dans les substantifs masculins, surtout lorsqu'ils sont formés d'un verbe dont on a changé les dernières lettres.

156e **Dictée.** — 1° Mon Dieu, la hideuse (1)

---

(1) Puisqu'on doit prononcer *cette lourde hie*, et dire *la hie*, *ce hachis*, *la hideuse*, etc., vous comprenez pourquoi ces mots commencent par *hi*, *ha*. — Voyez la Remarque générale, page 124.

(2) *Hachis* est formé du verbe hach-er; — *coulis*, de coul-er; — *taillis*, de taill-er; — *chamaillis*, de chamaill-er; — *coloris*, de color-er; — *guillochis*, de guilloch-er; — *semis*, de sem-er.

route, quel gâchis (1)! Voyez donc, le vernis (1) de mes souliers est tout terni. — Quelle belle santé vous avez, Alice! quel coloris (1) = 2° Ma mère a acheté une belle gravure au lavis (1), c'est un arabe qui invoque Dieu le matin lorsque le Soleil se lève. — J'ai vu chez Noel un joli semis (1) de marguerites.

115e LEÇON,

ou : Je lis *avec facilité tout ce que tu écr*is.

Mettre *v* sous les verbes.

156e **Copie.** — **1°** Ah! que *je* me réjouis, Émilia, de te trouver ici! tu vas déjeuner avec moi. — Qu'aimes-tu mieux, Lise, ces rubans roses ou ces rubans bleus? Maman, *je* choisis les roses. — *Je* fuis et je fuirai toujours l'hypocrite, mais que dis-*tu* de l'hypocrisie de Pancrace? = **2°** Amélie, lorsque tu es gaie, *tu* ris aux éclats; cela n'est pas joli. — Quand tu fais un large ourlet, *tu* le bâtis, n'est-ce pas, Rosine? — A qui écris-*tu*, ma bonne petite mère? *J*'écris à ton papa, et *je* lui dis combien sa petite Désirée a été sage.

155e Th. *Je* finis ma tâche, et *tu* finis la tienne;
Je grav.. un monticule, et *tu* en grav.. deux;
Je conf.. une prune, et *tu* en conf.. trois;
Je ne contred.. personne; et toi, contred..-*tu* quelqu'un?

---

(1) *Gâchis* est formé du verbe gâch-er; — *vernis*, de vern-ir; — *coloris*, de color-er; — *lavis*, de lav-er; — *semis*, de sem-er.

Ainsi que vous le voyez ici dans je **lis**, *tu* **écris**, *etc., etc.* :
On termine *souvent* par **is** les verbes joints à *je* et à *tu*, et qui finissent en *i* (1).

REMARQUE. — On termine par un S les verbes joints à JE ou à TU, et qui finissent par I (OI, U, IN, AI, etc.), lorsqu'ils viennent d'un infinitif en IR, FINIR (en RE, RENDRE; ou en OIR, APERCEVOIR). Exemples: Je *finis*, tu *sortis*; — je *vois*, tu *crois*, — je *sus*, tu *lus*; — je *vins*, je *tins*, je *tiens*; — je *contrefais*, tu *défais*, etc.).

157e **Dictée.** — 1° A quoi passes-tu tes vacances, Anatole? Le matin *je* **lis** un peu, *j'*écr**is** sous la dictée, ou bien *je* fais (2) une copie, et ensuite *je* jou**is** d'une pleine (2) liberté : alors *je* poursu**is** des papillons, je grimpe aux arbres, *je* grav**is** des montagnes; enfin *je* me réjou**is**... = 2° A qui écr**is**-*tu* là, (*toi*) d**is**-le-moi? — *Tu* d**is** à Septime que les branchies ou les ouïes des poissons leur servent à respirer; (*toi*) d**is**-lui qu'elles sont pour eux des sortes de poumons. — *Tu* pâl**is**, Olivier, tu es fatigué; (*toi*) fin**is** ici ta promenade.

116e LEÇON,

ou : Dieu *maud***it** *le démon, et* il *pun***it** *Ève.*

Mettre *v* sous les verbes.

157e **Copie.** — 1° Le *blé* mûr**it**, la moisson est prochaine! vous vous réjouirez bien! — *Léocadie* fu**it** le travail, *elle* su**it** son inclination à l'oisiveté; mais *Dieu* la pun**it** bien, il la livre au

(1) On ne termine jamais par *is* les formes du verbe en **er**, comme : Je *prie* (de *prier*); — on *oublie* (d'*oublier*); — tu *études* (d'*étudier*); — tu *cries* (de *crier*), etc. : — celles-ci finissent par **e** ou par **es**.

(2) *Fais* vient de *faire*, fabriquer; — *pleine* vient de *plénitude*.

démon de la paresse, et *elle* s'abrutit. — Une petite *fille* bien élevée ne sourit jamais quand on lui parle. = 2° *Papa* me dit que le feu est utile à tout ce qui existe. — Quand le fermier va tondre ses moutons, *il* réunit tous ses amis. — C'est un arbre *qui* fournit le coton avec lequel on a fabriqué vos bas.

156e Thème.

Finir par **it** les mots inachevés.

Pendant que je lis un conte, *Léon* en l**it** deux;
Tu grandis beaucoup et *Zoé* grand.. aussi;
Tu écris beaucoup; et *Carle* écr.., *il* écr.. souvent;
Je finis le thème d'Alice, et *elle* fin.. celui d—;
Quand tu souris, *on* te sour...

Ainsi que vous le voyez dans Dieu maudit, il punit, *etc., etc.* : On terminé *souvent* par it les verbes joints à un *substantif singulier*, ou aux mots *il, elle, on*, etc., et qui finissent en *i* (1).

REMARQUE. — On termine par un T les verbes joints à un substantif singulier, ou aux mots ON, IL, ELLE, etc., et qui finissent par I (OI, U, IN, etc.), lorsque leur infinitif est en IR (en RE, ou en OIR). Exemple : Dieu *dit* (que la lumière *soit*, et la lumière *fut*. — On *vint*.)

158e **Dictée**. — **1°** La trombe brise et (*elle*) détruit tout ce qu'elle trouve sur son passage. — *Daniel* prédit au roi étranger toutes ses infortunes, et *Dieu* fit éclater sa protection sur le Juif fidèle. = **2°** Albin avait la fièvre, le *médecin* dit qu'on lui donnât de la quinine; cette substance est amère, cependant *Albin* la prit sans

(1) Cette remarque ne convient pas plus que la précédente aux formes des verbes en er, comme : le singe crie, on parie, etc., etc. — On trouve sur cette difficulté des exercices comparatifs dans l'*Orthographe enseignée par la pratique aux enfants de 7 à 9 ans.*

sourciller, et *il* guérit : son *père*, charmé de sa sagesse, lui fit acheter deux douzaines de billes d'agate. *Qui* se réjouit ?

117e LEÇON,

ou : Louis, vous faites trop de bruit avec votre fusil !

NOTA. *Relire la Remarque générale, page* 135, et penser que : *Louis a pour féminin Louise*; — *bruit a pour dérivé ébruiter*; — du mot fusil on a fait le mot *fusiller*.

158e Copie. — 1° Ma petite Louise, on a fusillé un infortuné soldat avec son propre fusil. — Le petit Louis n'est pas assez bien outillé pour couper cette branche de hêtre, ayez soin de lui procurer quelques outils. = **2°** C'est Zélie qui a brodé pour sa maman le joli tapis que le tapissier vient de doubler. — Octavie, vous irez chez la fruitière chercher des fraises, de ce fruit si exquis à l'odorat. Oh ! oui, la fraise est bien exquise !

Le son *i* s'écrit par **is** dans *Louis*, *tapis*, *exquis*, etc., à cause de *Louise*, *tapissier*, *exquise*, etc. ;
Le son *i* s'écrit par it dans *petit*, *bruit*, à cause de *petite*, *ébruiter*;
Le son *i* s'écrit par **il** dans *fusil*, *outil*, à cause de *fusiller*, *outiller*.

159e Copie. — 1° Aline obéit toujours sur-le-champ; Martin, soyez aussi soumis qu'Aline est soumise. — Les paysans sont fort actifs, mais quelquefois avares. — La France est un riche pays, et Paris une magnifique capitale. = **2°** La vieille Denise, la mère du petit Denis, est alitée (je vous le dis, mais n'ébruitez pas la nouvelle de son indisposition); ses filles et son fils se sont tenus sans **bruit** près de son **lit**, prêts à la soigner.

159e **Dictée.** — **1°** Mon petit **Louis** se tenait toujours près de mon **lit** lorsque j'étais malade, et il se montrait fort **soumis** à sa mère. — De**nis**, où avez-vous **mis** votre **fusil**? — Tous ceux qui sont nés dans un même **pays** sont des compatriotes. = **2°** Aimez-vous le mouton sur le **gril**? (1) — Le hibou (2) ne vole guère que la **nuit** (1). — Regardez, mes **fils** et mes **filles**, comme les graines sont en général au milieu du **fruit** (1). — Qu'on hache (2) ce **persil** (1).

118e LEÇON,

ou : Dieu parla à Moïse sur le Sinaï.

160e **Copie.** — **1°** Loïsa, je t'achèterai en Italie une belle Mosaïque. — L'égoïsme est une disposition, un vice haïssable (2). — Il n'y a pas d'ambiguïté dans les paroles de Moïse. = **2°** Le caïman est une espèce de crocodile de l'Amérique. — Mon ami, ta bisaïeule m'a remis pour toi ce superbe fusil; écris-lui d'une manière naïve pour la remercier. — La Genèse est le premier livre écrit par Moïse dans la Bible.

---

(1) De *gril* on a formé *griller*; — de *nuit*, *nuitamment*; — de *fruit*, *fruitière*; — de *persil*, *persillé*.

(2) On dit : le **hibou**, on **hache**, le **haïssable vice**; il faut donc *hi*, *ha*, *haï*, etc. Voyez la Remarque, page 124.

157e Thème.

L'Israélite léger désobéissait souvent à Moïse et à Aaron,
Les I— à Moïse et à Aaron.
Que le prêtre instruise le laïque avec naïveté, simplicité!
Que les— avec naïveté, simplicité.

Comme vous le voyez dans Moïse, Sinaï, *etc., etc.* :
On écrit par ï (avec deux points ou un *tréma*) l'*i* qui doit se prononcer séparément de la voyelle qui le précède, — qui doit se détacher dans la prononciation.

160e Dictée. — **1°** Adélaïde, tu m'as désobéi, mais tes aveux naïfs me désarment. — C'est sur le Sinaï que Dieu dicta ses lois au fidèle Moïse. — Si vous ne haïssez pas le vice, Dieu vous haïra. = **2°** Détachés et replantés, les caïeux peuvent reproduire les plantes. — Aménaïde, tu liras dans la Bible que Noémi est l'aïeule du roi-psalmiste.— Aloïse n'est pas égoïste.

119e LEÇON,

§ Ier, *ou : Aloïse, propose à Rose cette potion.*

*Mes enfants, attention! Vous sentez bien que vous prononcez l'*o *d'une certaine manière dans* Aloïse, pro, — *et d'une autre manière dans* pose, Rose *ou* potion.

Hé bien :

L'*o* de Aloïse, pro—, est appelé O FERMÉ.
L'*o* de pose, potion, est appelé O OUVERT.

(Vous verrez dans quelques-unes des leçons qui vont suivre que le son de l'O ouvert ne se peint pas toujours par un o.)

Faire distinguer les **o** fermés et les **o** ouverts dans les Copies ou les Dictées qui suivent.

161e Copie. — **1°** Rosa, quel joli hochet (1) ! — Olivier, voulez-vous me mener visiter à l'Orangerie l'exposition publique des rosiers ? — Promenez-vous dans ma roseraie. = **2°** En France, certaines classes d'archers portaient un hoqueton (1) ou casaque brodée, ma Rosalie. — La dévotion, la piété de Monique a obtenu la conversion de son fils. — Les peuples méridionaux font souvent des **lotions**.

158e Th. L'hypocrite comp**ose** son visage,
Les h—.
R**ose** est indisp**osé**e, prépare-lui une p**otion**,
R**ose** et Lucie s—, préparez-leur d—.

Vous le voyez dans **pose, potion, Rose**, *etc., etc.* :
Le son de l'*o* ouvert se peint souvent par o avant un *s* qui a le son du *z*, — et dans les mots en *otion*.

161e Dictée. — **1°** Noblesse impose ! — Fénelon a composé ses fables en prose, tu les liras. — Rosalie a le hoquet (1), qu'elle boive quelque chose. — Les États de Salomon se composaient des douze tribus d'Israel. = **2°** Le mortel propose, et c'est Dieu qui dispose. — Les peuples nomades forment des hordes (1) ; ils vivent sans demeures fixes, exposés souvent au soleil, à la pluie. — Les peuples barbares ont quelques **notions** de civilisation.

---

(1) Puisqu'on dit *le hochet, le hoqueton, le hoquet, des hordes*, vous comprenez qu'il faut **ho.** (Voir page 124.)

§ II, *ou : Le petit* **drôle** *assure qu'un* **gnome** *lui a parlé à* ***Dodone.***

162ᵉ **Copie.** — **1°** Un **môle** est une construction solide faite sur une côte, une jetée destinée à rompre l'impétuosité des vagues. — Quelle est cette marque sur ma timbale? C'est le **contrôle** (1), Gaston. = **2°** Ah! **Jérôme**, que le **dôme** des Invalides est grandiose! — La mouche n'est qu'un at**ome** à côté du lion. — La Guinée et une partie de la Cafrerie, en Afrique, sont dans la **zone** brûlante; les Finlandais sont près de la **zone** glaciale.

Vous le voyez dans **rôle, gnome, Dodone,** *etc., etc.* :
Pour peindre le son de l'*o* ouvert, on met un **o** dans beaucoup des mots terminés en **ôle**, en **ome** et en **one.**

162ᵉ **Dictée.** — **1°** Le **môle** de Barcelone est fort élevé, et l'on a vu les vagues furieuses passer quelquefois par-dessus! — Aimerais-tu, Nicolas, à voyager jusqu'aux glaces des **pôles**, à visiter les nations hyperborées? — Soyez toujours éco**nome.** = **2°** Respirez donc l'ar**ome** de ces roses du roi, il est d'une suavité exquise. — Écoute bien ceci, Adélaïde : une figure octog**one** a huit angles, le décag**one** est une figure à dix angles, le dodécag**one** en a douze, etc.

120ᵉ LEÇON,

§ Iᵉʳ, *ou :* **Au***gusta, quel énorme* **chaume** *!*

163ᵉ **Copie.** — **1° Au**gustine, le zéro ne dé-

(1) L'accent circonflexe se place sur l'*o* de **tous** les mots en *ôle*, — et sur l'*o* de *quelques* mots en *ome* et en *one*.

signe par lui-même **au**cun nombre. — Si tu trouves quatre **pau**vres à la porte d'une église, et que tu distribues à chacun une **au**mône de deux sous, combien de sous auras- (1) tu distribués, **Pau**line? = 2° Sais-tu, **Lau**re, que les peuples de la Nigritie sont presque **sau**vages? — Travaillez sans lever la tête, et le pré de Cl**au**de se trouvera **fau**ché; vous savez ce que dit le proverbe : Maille à maille se fait (1) le **hau**bergeon (2).

159e Thème.

Le **hau**bergeon (2) était une sorte de cuirasse, etc.,
Les h— des s—.
La petite fille bien élevée ne **hau**sse jamais l'épaule.
Les p— les é—.

Comme vous le voyez dans **Au**gusta, chaume, *etc., etc.* :
Le son de l'*o* ouvert se peint le plus souvent par **au** au commencement et au milieu des mots.

163e Dictée. — 1° Guill**au**me coupera une cinquantaine d'**au**nes dans mon **au**naie. — Tu sais, **Au**gustin, que le roy**au**me de Juda et le roy**au**me d'Israel se formèrent des États de Salomon. — Les **tau**pes, dis-tu, vivent d'insectes et de fruits? = 2° Ma **Pau**le, par une soustraction tu retrancheras un nombre d'un **au**tre nombre. — Sèche ces feuilles de m**au**ve et de **sau**ge, ma petite **Lau**re. — Les **sau**terelles, les grillons, etc., sont-ils des insectes, mon petit **Pau**lin?

---

(1) *Auras* est formé d'*avoir*; — *fait*, de *faire, fabriquer*.
(2) Vous comprenez pourquoi l'on doit ici mettre **hau** (p. 124).

§ II, *ou : Ce fabl***iau** *est un véritable jo***yau.**

164e Copie. — Mon père, à quoi servira donc le tu*y***au** que l'on place dans le pr*é***au** de la prison ? — L'Anglais mange l'alo*y***au** très-peu cuit. — Auguste a pris ce matin neuf roitelets avec mon gl*u***au.** — Les gerbes sont sous le fl*é***au.**

Comme vous le voyez dans fabliau, joyau, *etc., etc.* :
Après une voyelle on met en général **au** à la fin des mots pour peindre le son de l'*o* ouvert.

164e Dictée. — Aimes-tu le gr*u***au,** Denis ? — On garnit les violons, les guitares, les harpes, avec de la corde de bo*y***au.** — Que la peste est un redoutable fl*é***au** ! — J'en suis certaine, c'est avec ce ho*y***au** qu'Aubin creusa un trou pour planter votre noyer. — Je vous lirai un joli fabl*i***au,** Pauline.

121e LEÇON,

*ou : Aubin, voilà du tur***bot** *et des hari***cots.**

165e Copie. — **1°** Le cacha*l***ot** n'est pas un poisson, c'est un cétacé, et des plus gros ; quant aux tur*b***ots,** ce sont, comme les soles, les limandes, etc., des poissons plats. — En Juillet, on mange des abri*c***ots.** = **2°** On mesure les hari*c***ots** au litre, au décalitre, etc. — Avez-vous vu des bas feutrés de mate*l***ots** ? — Le pa*v***ot** est somnifère. — Je finis pour Aménaïde une jolie guirlande de bluets et de coqueli*c***ots** !

160e Thème.

Le menuisier man*ch***ot** poussait mal son ra*b***ot**,
Les m— mal leurs r—
Ce hari*c***ot** a été rongé, dévoré, par un escar*g***ot**,
Ces h—. des e—.

Vous le voyez dans turbot, haricot, *etc., etc.* :
Après une consonne on met en général **ot** à la fin des mots pour peindre le son de l'o ouvert.

165e Dictée. — **1°** Un *s***ot** trouve toujours un plus *s***ot** qui l'admire ! — La corne du pied des animaux qui vivent de végétaux est désignée par le *m***ot** de sa*b***ot**. — Pas tant de bruit, petits mar*m***ots** ! = **2°** Vous êtes trois, voilà neuf abri*c***ots**, combien chacun de vous en aura-t-il ? — Les capsules des pa*v***ots**, comme les gousses des hari*c***ots**, sont sèches lorsqu'elles sont mûres. — Lucile a un hochet tout garni de gre*l***ots**.

122e LEÇON,

*ou : Quel b***eau** *perdr***eau**, *mon père !*

166e Copie. — **1°** Ah ! que votre cachemire est b**eau** ! vos plumes sont bien belles aussi ! — Je conduirai dans les sables de l'Arabie un cham**eau** et une chamelle. — L'ois**eau** (1) de rivage a le bas de la jambe nu. = **2°** Voilà mon cout**eau** (1), Maurice, voulez-vous casser ce noyau d'abricot, et (*voulez-vous*) dépouiller ce cern**eau** (1) de sa coque ? — Quittez ce batelet, Gustave, venez dans mon bat**eau**.

(1) *Oiseau* a pour dérivé *oiselier*; — *couteau* a *coutelier*; — *cerneau* a *cerner*.

167e **Copie.** — 1° Laure, dévidez pour votre mère cet éche**veau** (1) de filoselle. — Voulez-vous un petit drap**eau** (1) ? — Prenez du vin de Champagne dans mon petit cav**eau** (1), Zénaïde. = 2° Arsène a tué un laper**eau** (2), deux cailles et un petit caille**teau**. — Le chev**reau** (2) bêle : il suit sa mère, il broute les feuilles de chaque arbriss**eau** (2) ; qu'il est joli ! — La poule a recherché, et elle mangera ce vermiss**eau** (2).

Ainsi que vous le voyez dans **beau** (de *belle*) ; — **perdreau** (diminutif de perdrix), *etc., etc.* :

On termine par **eau**, 1° les mots qui ont un dérivé où l'on entend un *e* ; — 2° les diminutifs en *eau*.

166e **Dictée.** — 1° Augusta, terminez par **eau** tous les mots qui ont un dérivé où l'on trouve un **e** ; vous en voyez ici : — Des *châtelains* et des *châtelaines* sont réunis dans ce châ**teau**. — Fidèle a le mus**eau** malade, sa *muselière* le blesse. = 2° Le merle est un passer**eau** (3), comme l'ois**eau**-mouche, les pies-grièches, etc. — Le lin se file à la mécanique, ou bien au fus**eau** (3) et au rouet. — Qu'Adèle était jolie dans son berc**eau** (3) !

167e **Dictée.** — 1° Un nombre considérable des naturels de l'Afrique ont la p**eau** (4) noire.

---

(1) *Échev*eau a pour dérivé *chevelure* ; — *drap*eau a *drap*, *draper* ; — *cav*eau a *cave*.

(2) Le *laper*eau est le petit du *lapin* ; — le *chevr*eau est le petit de la *chèvre* ; — un *arbriss*eau est un petit *arbre* ; — un *vermiss*eau, un petit *ver*.

(3) *Pass*ereau a pour dérivé ou analogue *passer*, *passerelle* ; — *fus*eau a *fusée* ; — *berc*eau a *bercer*.

(4) *Pe*au a pour dérivé *peler*.

— As-tu vu le magnifique **drapeau** que mes tantes brodaient? — Maman, voulez-vous que je conduise le **bateau**? = **2°** Écoutez bien! terminez encore par **eau** les diminutifs en **eau**, tels que : un cord**eau** (1), un chevr**eau**, un lapereau, un faisand**eau**, un carp**eau**, un clos**eau**, un cot**eau**, etc., etc.

123e LEÇON,

*ou : Avec mes gluau**x** prenez tous ces oiseau**x**.*

Écoutez, petits amis :

Les mots terminés au singulier par AU finissent au pluriel par AUX.

168e Copie. — 1° Jetez votre noy**au**; n'avalez jamais les noy**aux**, Augustine. — L'aigle est un ois**eau** de proie, c'est-à-dire un ois**eau** qui chasse les autres ois**eaux** pour les manger. — As-tu marché (2) au milieu des **eaux** pour t'être procuré (2) ces ros**eaux**? = **2°** Mon père a dans sa ferme de nombreux troup**eaux**; beaucoup de moutons, de brebis, d'agn**eaux**; de chèvres et de chevr**eaux**; il y a aussi des taur**eaux**, des vaches et des v**eaux**.

161e Thème et 162e.

1. L'agn**eau** (3) broute le serpolet,
Les a— le serpolet.

---

(1) *Cordeau* signifie *petite corde*; — *chevreau*, *petite chèvre*; — *lapereau*, *petit lapin*; — *faisandeau*, *petit faisan*; — *carpeau*, *petite carpe*; — *closeau*, *petit clos*; — *coteau*, *petite côte*, etc.

(2) Voyez la remarque, page 151, 100e leçon.

(3) *Agneau* a pour dérivé *agnelet*.

La poule a été croquée par un renard**eau** (1),
Les p— été cr—.
Le Finlandais voyage en traîn**eau** (2),
Les F— sur des tr—.
2. La louve fuyait avec son louvet**eau** (1),
Les l—.
Ce jeune souric**eau** (1) n'avait rien vu,
Ces j—. rien vu.
Que le plombier place ici son tuy**au**,
Que les p—.

168e **Dictée.** — **1°** La moisson est finie, les gerbes sont dans la grange; venez tous ici avec vos flé**aux**. — Casse tes noy**aux** de pêche, Ambroise. — Les manchots, les pingouins, et quelques autres ois**eaux** palmipèdes ne volent point. = **2°** C'est la fille du roi elle-même qui sauva Moïse des **eaux**. — Mes frères ont tué deux cailles, sept caillet**eaux**, une bécasse, quatre bécass**eaux**, trois perdr**eaux**, une hase, un lièvre et deux laper**eaux**,

*Dans : Que ce chev***al** *est* **beau** ! — *Tous les chev***aux** *sont-ils aussi* **beaux** ?

Vous pouvez remarquer que :

Les mots qui finissent en AL ou en AU au singulier font leur pluriel en AUX.

Et que :

Les mots dont le singulier est en EAU font leur pluriel en EAUX.

---

(1) *Renard*eau signifie *petit renard*; — *louvet*eau, *petit loup*; — *souric*eau, *petite souris*.
(2) *Traîneau* a pour dérivé *traîner*.

169e Copie.

(Nous plaçons ici le singulier entre parenthèses, l'élève ne devra pas le copier.)

1° En général les can**aux** (*canal*) réunissent les **eaux** (*eau*) de deux fleuves ou de deux rivières. — Augustine, voulez-vous me faire deux petits paniers avec ces noy**aux** (*noyau*)? = **2°** L'eau est utile aux végét**aux** (*végétal*) comme aux ani**maux** (*animal*).— La France est un des plus b**eaux** (*beau*) pays de l'Europe. — Préparez les mét**aux** (*métal*), et fondez des tuy**aux** (*tuyau*) pour la conduite des **eaux** (*eau*).

124e LEÇON,

*ou : Le laudan***um** *est une préparation d'opi***um**.

170e Copie. — Le bec-de-pigeon est une espèce de géraniu**m**. — Maman, je voudrais bien que mon père me menât au Muséu**m**; j'aime les beaux tableaux. — On a chanté un Te De**um** après la bataille de Solférino. — Madame, voulez-vous me montrer tous les dessins qui sont dans les jolis alb**ums** d'Anna?

Ainsi que vous le voyez dans laudan**um**, opi**um**, géran**ium**, *etc.* : On termine par **um** beaucoup de mots en *ome* venus du latin, parce qu'ils ont encore conservé leur forme latine.

169e Dictée. — L'opi**um** se tire des capsules du pavot, l'opi**um** a une qualité soporative. — Le maxim**um** est le degré le plus élevé, le mini**mum** est le moindre degré d'élévation. — O maman, quels beaux géraniums rouges au pied du catalpa ! quelle jolie corbeille ils forment !

125e LEÇON,

ou : Vous avez **chaud** *et vous êtes las, prenez quelque* **repos**.

Remarquez que chaud *a pour féminin* chaude, *et que de* repos *on fait* reposer.

NOTA. *Relire la Remarque générale, page* 135.

171e **Copie.** — 1° L'arbre duquel on retire le coton se cultive dans les pays chauds, la chaleur lui est nécessaire. — La vipère est brune, avec une ligne noire (en zigzag) sur le dos. — Julie, ne monte pas sur le dossier de ce fauteuil ; tu tomberais. = 2° Tu sauras (1), Marie, que le Juif idolâtre sacrifiait sur les hauts (1) lieux aux divinités étrangères. — Dimanche, à vêpres, comme les psaumes ont été mal psalmodiés !

On termine *chaud* par **aud** à cause de ses dérivés *chaude, chaleur*, etc., etc.
On termine *repos* par **os** à cause de *reposer, reposoir*, etc., etc.

170e **Dictée.** — 1° Tu failliras souvent, mon fils, tu feras de lourdes fautes, tu contracteras des défauts même, si tu n'écoutes pas les conseils de ta mère. — Le soleil est quatorze cent mille fois plus gros (2) que notre globe. = 2° Voyez

---

(1). *Sauras* est formé du verbe *savoir* ; — *haut* a pour dérivés *haute, altesse.*

(2) *Gros* a pour dérivé *grosse.*

ces **saltimbanques**, quelle agilité ils montrent! quels **sauts**! — Tu n'**au**ras pas mes **oss**elets d'ivoire, Albin. — Un **os** lui demeura (au loup) fort avant au gosier. — Mon caniche a des cr**ocs** ou cr**och**ets énormes.

126e LEÇON,

*ou : Une tort***ue** *était à la tête légère...*

172e Copie. — **1°** La **vue** se repose agréablement sur les richesses de la campagne. — Savez-vous, ma Perpét**ue**, que les Arabes tirent leur origine lès uns d'Esaü, les autres d'Ismael? = **2°** Les hérons ont les jambes **nues**, longues et grêles comme les cigognes, les gr**ues**, les autruches, etc., etc. — L'écrevisse cr**ue** est grisâtre, et cuite elle est rouge.

163e Thème.

Copier, — écrire une phrase analogue au pluriel.

Mauvaise graine est tôt ven**ue**!

Les m—!

Ma Perpét**ue**, ferme la huche!

Anna et Perpét**ue**, f—!

Vous le voyez par une tort**ue**, la v**ue**, *etc., etc.* :
On écrit le son *u* par **ue** à la fin des mots féminins.

171e Dictée. — **1°** Tu chantes sans cesse à table, tu as une bien mauvaise ten**ue**. — Les plumes des oiseaux tombent lorsqu'ils sont dans la m**ue**. — L'Océanie se compose d'une multitude d'îles répand**ues** dans l'Océan. = **2°** Léon a plongé la moitié de sa baguette dans les eaux du fleuve, il l'a **crue** brisée; sa **vue** le trompait. — Le chêne aux bras noueux élève sa tête jusqu'aux **nues**.

173e **Copie.** (*Supplément.*) — Ne rebutez jamais les pauvres. — Ces étoupes qu'on a jetées dans la rue sont les re**buts** de nos filasses. — L'ivrogne qui fait ab**us** du vin altère sa santé, et abu**se** des dons mêmes de Dieu.

172e **Dictée. — 1°** Souvent la perte d'une bataille met la confusion dans une armée. — Gravissez la montagne, bien! Ne voyez-vous pas au-dessous de vous et au loin un amas conf**us** de maisons? C'est là que vous êtes née, Aline. = **2°** Hier je cr**us** (1) que Lucile tombait, je f**us** (1) très-émue; et elle ne s'en aperç**ut** (1) même pas.

127e LEÇON.

§ Ier, *ou : Partez* **en** *voiture*, **entre** *midi et midi et demi.*

174e **Copie. — En** toute chose il faut considérer la fin. — Mes amis, vivez **en** bons frères! qu'**entre** vous tout se partage! que la plus grande union règne toujours **entre** mes fils!

Vous le voyez : **En** et **entre,** invariables, s'écrivent par ***en.***

(1) Revoyez pour les verbes en *us, ut,* les remarques, p. 168 et 169.

173e Dictée. — (*Toi*) Dis-moi qui tu hantes, et je te dirai qui tu es ! dit le proverbe. Ne hante donc jamais **en** de mauvais lieux ! — **Entre** les plus beaux tableaux on cite la Transfiguration.

---

§ II, *ou : Léon s'est* **en***dormi et* **ren***dormi avant de régler l'***entre***prise.*

175e Copie. — **1°** Il faut de ses amis **en**durer (1) quelque chose. — En botanique, la hampe est la tige qui n'est pas **en**tourée (1) de feuilles et de rameaux. — Près du Havre, à l'**em**bouchure (1) même du fleuve, nous nous sommes **en**sablés (1). = **2°** Votre visage est tout **en**sanglanté (1) ! — Savez-vous **em**pailler (1) les oiseaux? — Grand nombre d'animaux s'**entre-**dévorent, mon ami, n'**entre**prenez pas d'**en** copier la liste.

176e Copie. — **1°** Nos tuyaux sont **en**gorgés (2). — Comme ce pigeon se **ren**gorge (2) ! — La tortue est **ren**fermée (2) dans une double cuirasse solide, celle qui couvre son dos est la carapace. — La mue cesse, nos oiseaux se **rem**plument (2). = **2°** Le petit Albin s'est **en**têté (2) à grimper sur le dos du fauteuil de son père, et il est tombé à la **ren**verse (2) ; tant pis pour l'en-

---

(1) **En***durer* est un mot composé avec *dur* ; — **en***tourée*, avec *tour* ; — **em***bouchure*, avec *bouche* ; — **en***sablés*, avec *sable* ; — **en***sanglanté*, avec *sang* ; — **em***pailler*, avec *paille*.

(2) Dans **En***gorgés*, **ren***gorge*, — **ren***fermée*, **rem***plument*, **en***têté*, **ren***verse*, on trouve l'invariable **en** (ou *ren*), et les mots *gorge*, *fermé* (de *fermer*), — *plume*, *tête*, *verse* (de *verser*).

têté! — Le lion dans sa tête avait une grande **entreprise**. — Tâchez de ne vous **entre**-nuire jamais.

164e Thème et 165e.

1. Le bon fils **en**toure son père et sa mère de soins,
Les b— leurs p—.
Votre grand **em**plâtre ne me guérirait pas,
Vos gr— **em**—.
2. L'**entr'**acte finissait, l'**em**ployé **ren**trait,
Les **entr'**—.
Ma meringue est trop peu **rem**plie,
Mes m—.

Comme vous le voyez par **endormi, rendormi, entreprise,** *etc.* :
On écrit avec **en** (**em**) tous les mots commençant en *en*, en *ren* et en *entre*, qui sont composés des invariables *en* ou *entre*.

174e **Dictée.** — **1°** Ne tenez pas à faire toujours ce que vous avez **en** *tête;* car si vous êtes **en**têtée, Sidonie, qui vous aimera? — La pêche de la morue, comme celle des espèces voyageuses de poissons, **en**richit (1) beaucoup de nos compatriotes. = **2°** Si tu lis bien toute une semaine, je placerai au chevet de ton lit une belle gravure **en**cadrée (1), cette Vierge tout **en**tourée d'anges.

175e **Dictée.** — **1°** Vous avez été sage, Marguerite, venez m'**em**brasser (2). — Les tables de la Loi étaient **ren**fermées (2) dans l'Arche. — Dans l'antiquité, les sabliers **rem**plaçaient (2) nos montres, on se servait aussi de cadrans

(1) **En***richit* est formé de *en* et de *riche ;* — **en***cadrée*, de *en* et de *cadre*.

(2) **Em***brasser* est formé de *en* et de *bras ;* — **ren***fermées*, de *en* et de *fermer, fermées;* — **rem***plaçaient*, de *en* et de *place*.

solaires, etc. = 2° Voyez donc, Zénaïde, comme les vagues s'**entre**-choquent, on dirait des montagnes d'eau. — Notre jardin est **entre**coupé de canaux, aussi voyez-vous les belles pelouses?

128e LEÇON,

*ou : Méfiez-vous de la prop***ension** *que vous avez aux prét***entions.**

177e **Copie.** — 1° Dieu hait la diss**ension** entre frères. — La chambre à coucher et le salon de ma mère sont d'égale dim**ension.** — La **détention** de l'infortuné Louis XVI a duré plus de cinq mois. = 2° Vous serez toujours sans **prétentions**, n'est-ce pas? — Ma Claire est en **pension** depuis une huitaine. — Ne fais jamais la moindre chose avec une mauvaise int**ention.**

166e Thème.

Une trêve est une susp**ension** d'armes,
Les tr—
La trêve est conclue par suite d'une conv**ention** entre deux États.
Les tr—.

Comme vous le voyez dans prop**ension**, prét**ention**, *etc., etc.* :
On met presque toujours **en** dans les mots en *ension* ou *ention*.

176e **Dictée.** — 1° Aglaé, voici les vacances, Augustine sortira de **pension** Samedi; j'ai pris mes dim**ensions** pour qu'elle passe avec nous trois semaines : quelles belles parties vous ferez! = 2° L'inv**ention** si importante de l'imprimerie est due au quinzième siècle, celle du télescope au dix-septième. — Un concordat est une conv**ention** entre un roi et le pape.

129e LEÇON,

§ 1er, *ou : Un meunier et son fils voulaient* **vendre** *leur âne.*

178e **Copie.** — **1°** Quel bruit tu fais, Auguste, on ne peut plus s'ent**endre** ici; c'est à f**endre** la tête, en vérité! — Un bûcheron perdit sa cognée; il n'avait pas d'outils à rev**endre**, il pria donc les dieux qu'ils la lui r**endissent**. = **2°** Les Alpes s'ét**end**ent entre la France et l'Italie qu'elles séparent. — Oiselier, t**end**ez vos filets. — A quoi te servent tes oreilles, Antoine? A t'ent**endre**, petite mère. Et ta langue? A t'exprimer combien je t'aime.

167e Thème.

Si mon fils t**end**ait ici un filet, il pr**end**rait ce coucou,
Si mes f—.
Une carpe f**en**dait l'onde avec rapidité.
Deux c— avec rapidité.

Vous le voyez par vendre, entendre, *etc., etc.* :
On écrit avec **en** les mots des verbes en *endre*.

177e **Dictée.** — **1°** **Prendre** la moitié d'un nombre, c'est le diviser par deux. — Qu'on ét**end**e ces chemises et ces draps afin qu'ils sèchent. — Quand donc, ma tante, entrepr**en**dras-tu ton voyage? = **2°** Certains singes se susp**end**ent aux branches. — Ma mère, je te surprendrai par ma sagesse. — En place de vos gluaux, employez vos filets, Gabriel, **tend**ez-les ici ; vous pr**en**drez beaucoup d'oiseaux.

178ᵉ **Dictée.** — 1° L'oiseau lustre ses plumes avec une sorte de graisse pour les **rendre** impénétrables à l'eau. — Le reptile susp**end** à volonté sa respiration. — Qui a **vend**u cet oiseau à Louis ? = 2° Quand tu es au jardin avec moi, serais-tu bien aise de m'**entendre** dire : Je voudrais que Constance retournât au salon ? C'est pourtant ce qui arrivera si tu te **rends** (1) importune.

§ Iᵉʳ, *ou : Pour* **tenter** *Ève le démon* **ment***it*.

179ᵉ **Copie.** — 1° C'est une cruauté de tour**menter** les animaux. — Le troisième (fils) tomba d'un arbre que lui-même il voulut **enter.** — Avant l'invention de la boussole les marins ne pouvaient pas s'ori**enter** sur l'Océan. = 2° Parmi les faisans on distingue le faisan doré et le faisan arg**enté.** — Croirais-tu qu'Aspasie m**en**tait quelquefois ? Comment ne s**en**tait-elle pas qu'elle faisait mal ? — Les eaux du fleuve se ral**en**tissent ici dans leur course.

Comme vous le voyez par **tenter, mentir,** *etc., etc.:*
On met **en** dans *beaucoup* de verbes en *enter* et en *entir*.

179ᵉ **Dictée.** — 1° Faites tout ce que vous pouvez pour ne mécon**tenter** ni votre père ni vo-

(1) On met ici un **s** après le *d* parce que le verbe *rends* est ajouté à *tu*. Pour l'orthographe des verbes, voir *Éléments de Grammaire pratiquee;* — et l'*Orthographe enseignée aux enfants de 7 à 9 ans.*

tre mère. — L'oisiveté pèse et tourmente. — Les contrées qui manquent d'eau ne présentent rien que d'aride et de stérile. = 2° Nos colonies servent à alimenter la métropole. — Rien ne ralentit le zèle des religieuses qui soignent les malades. — Ne prétendez jamais contenter tout le monde.

§ II. — MOTS ANALOGUES.

D'après le principe énoncé dans la Remarque générale de la page 135 :

On doit mettre en *dans les mots dérivés des verbes en* endre, — *et de beaucoup de verbes en* enter *et en* entir.

180e **Dictée.** — 1° Quelle eau limpide coule de la fente (1) de ce rocher? C'est une source, Léon. — Achetez du papier de tenture, et faites tendre à neuf votre chambre à coucher. = 2° En général, les métaux peuvent s'étendre beaucoup; ils sont très-extensibles. — Pourquoi Ève consentit-elle à la demande du tentateur (1) ?

181e **Dictée.** — 1° C'est par les *sens* que vous pouvez éprouver des sensations (1), c'est-à-dire juger de toutes les choses qui vous entourent; il y a cinq sens. = 2° Si l'on barbouillait de suie tous les petits écoliers et toutes les petites écolières qui mentent, il y en aurait bien peu qui oseraient faire un mensonge. — Fi! la vilaine menteuse!

---

(1) *Fente* est analogue à *fendre*; — *tentateur*, à *tenter*; — *sens*, *sensation*, sont analogues à *sentir*.

130e LEÇON,

*ou : Les vivipares, ce sont les animaux dont les petits en **venant** au monde sont tout **vivants**.*

Remarquez que : **Venant** *est formé du verbe* **ven-ir**; — **vivants**, *du verbe* **viv-re**, *par un* CHANGEMENT *de lettres dans la fin du verbe.*

180e Copie. — **1°** En nage**ant** (1), la femelle des poissons sème en quelque sorte ses œufs qui tombent dans les ondes : en travers**ant** (1) les eaux, les rayons du soleil les animent, et de petits poissons en sortent. = **2e** Tous les animaux rumin**ants** (1) : moutons, chèvres, girafes, etc., etc., ont des pieds fourchus.— On hasarde de perdre en voul**ant** (1) trop gagner. — Alexandre, Charlemagne et Napoléon se sont montrés des conquér**ants** (1) redoutables.

168e Thème.

L'animal rumin**ant** (1) est très-import**ant** (2) dans une ferme,

Les a—.

Le serin est tout formé en sort**ant** (2) de sa coquille,

Les s— tout f—en sort**ant** de l—.

Vous le voyez par **venant** (de ve-nir), — **vivant** (de vivre), *etc.:* On termine par **a n t** tous les mots qui sont formés d'un *verbe dont on a changé les dernières lettres en* **ant.**

182e Dictée. — **1°** En s'étend**ant** (3), en se divis**ant** (3), les racines pompent, en une infinité

(1) *Nage***ant** est formé du verbe *nag-er.* — *Travers***ant**, du verbe *travers-er;* — *rumin***ants**, de *rumin-er;* — *voul***ant**, de *voul-oir;* — *conquér***ants**, de *conquér-ir.*

(2) *Import***ant** est formé du verbe *import-er;* — *sort***ant**, de *sort-ir.*

(3) *Étend***ant** est formé du verbe *étend-re;* — *divis***ant**, de *divis-er.*

de lieux, la substance qui fera vivre les plantes. — Si tu tourmentes Brill**ant** (1), il te mordra, prends garde! = 2° Dieu a mis au-dessus de nos têtes une multitude d'astres flamboy**ants** (1). — Pourquoi ton bras est-il saign**ant** (1), Octave? Papa, je me suis égratigné en tomb**ant** (1) sur le sable.

183e **Dictée.** — **1°** Savez-vous, mon petit Michel, que les poissons vol**ants** (2) peuvent s'élever au-dessus des eaux avec leurs nageoires? — A quoi voulez-vous jouer? au sabot, aux quilles, au vol**ant**? Je préfère le vol**ant**. = **2°** Alexandre, roi de Macédoine, s'est montré un des conquér**ants** les plus extraordinaires. — Est-ce en épel**ant**, en copi**ant**, ou en écriv**ant** sous la dictée que tu apprends le plus, Clara ?

131e LEÇON,

*ou : Le fro***ment** *est assuré***ment** *la meilleure espèce de blé.*

181e **Copie.** — **1°** Dieu bénit les âmes charitables qui procurent à ses pauvres des ali**ments**, et des vête**ments** chauds. — Lorsque le poisson suspend le mouve**ment** de ses nageoires, il reste inévitable**ment** à la même place. = **2°** Je vous parle très-sérieuse**ment**, Alexandre et Gaston,

(1) *Brill*ant est formé du verbe *brill-er* : — *flamboy*ant, de *flamboy-er* ; — *saign*ant, de *saign-er* ; — *tomb*ant, de *tomb-er*.
(2) *Vol*ant est formé du verbe *vol-er* ; — *copi*ant, de *copi-er* ; — *épel*ant, d'*épel-er* ; — *écriv*ant, d'*écri-re*.

je vous défends de jouer avec ce mauvais garne**ment**. — Ma petite Marcelle lit admirable**ment** bien, et elle écrit déjà fort joli**ment**, je vous assure.

169e Thème.

Quel monu**ment** superbe s'élève en ce mo**ment** !
Quels m— !
Que l'élève répète lente**ment** ce frag**ment** de poésie,
Que les él— de poésie.

Ainsi que vous le voyez dans **froment, assurément**, *etc., etc.* :
On termine par **ment** les substantifs et les invariables en *man*.

184e **Dictée.** — **1°** Les animaux et les végétaux ont été créés pour notre agré**ment** comme pour notre utilité. — Antonine, vous chuchotez continuelle**ment** en compagnie, et rien n'est plus grossier, assuré**ment**. = 2° L'Afrique, recevant directe**ment** les rayons du soleil, renferme véritable**ment** les climats les plus chauds. — Tu ne resteras donc pas un mo**ment** sans remuer? petite chèvre ! petit mouve**ment** perpétuel !

132e LEÇON,

ou : Dieu est pati**ent**, *il est* l**ent** *à punir.*

Remarquez que de : *Pati***ent**, *l***ent**, on peut former les verbes *patient***er**, *ralent***ir**, par l'addition des deux lettres *er, ir*.

182e **Copie.** — **1°** Les mâchoires du ser**pent** (1) sont armées de **dents** (1) pointues, et

(1) De *serp***ent**, *d***ent**, *év***ent**; — puis *l***ent**, *dilig***ent**, *v***ent**, *viol***ent**, *ori***ent**, on peut, en ajoutant deux lettres à la fin, former les verbes *serpenter, édenter, éventer*; — puis *ralentir*, se *diligenter venter, violenter, orienter*.

quelquefois de crochets à venin, sortes de **dents** creuses et mobiles. — Quelle tête à l'év**ent** (1) que Mina ! = 2° Paulin, tu es trop l**ent** (1), hâte-toi donc ! montre-toi dilig**ent** (1). — Un v**ent** (1) viol**ent** (1) a brisé deux statues aux Tuileries. — Les peuplades de l'Ori**ent** (1) mâchent presque toutes du bétel.

170e Thème.

Comment trouves-tu ce joli bracelet d'arg**ent** (argenter) ?
Comment trouvez-vous c— d'arg**ent** ?
Le petit écolier qui est l**ent** (ralentir) ne joue presque jamais,
Les p—.

Ainsi que vous le voyez dans pati**ent** (analogue à patient-er), l**ent** (analogue à ralent-ir), *etc., etc.* :

On met **ent** à la fin de la plupart des mots en *an* dont on peut, en y ajoutant deux lettres, former des verbes en *enter* ou en *entir*.

185e **Dictée.** — 1° Ne parlez jamais mal des abs**ents** (2). — Le démon prit la forme du serp**ent** pour tenter Ève. — Maman, vous ne faites pas d'assez fréqu**entes** (2) visites à la marchande de croquignoles. = 2° Ma petite Marie, je suis bien cont**ente** (2) de toi ; tu as cherché à être toujours pati**ente** (2) et douce, je veux te faire un prés**ent** (2) : j'ai là une poupée, un gros bouquet de roses, un joli livre : choisis !

(1) Voir la note page 193.

(2) Des adjectifs *abs***ent**, *fréqu***ent** ; — puis *cont***ent**, *pati***ent**, *prés***ent**, on peut, en y ajoutant deux lettres, former les verbes *absenter, fréquenter* ; — *contenter, patienter, présenter*.

133e LEÇON,

ou : Le riche et l'indigent sont égaux devant Dieu.

Remarquez que : **Indigent** *n'est pas du tout formé d'un verbe,* — *et qu'il a pour dérivé* indigente *où l'on entend un* **t.**

183e Copie. — 1° **Laurent** (1), le couchant ou l'occid**ent** (1) c'est le côté où le soleil vous a paru se coucher. — Les peuples de l'Orient sont ard**ents** (1) pour ce qui les charme, et ils sont indol**ents** (1) pour le travail. = **2°** L'endroit où un ruisseau mêle ses eaux à celles d'une rivière ou d'un fleuve en est le conflu**ent** (1). — Mon père sera toujours mon premier confi**dent** (1); il est si indulg**ent** (1) et si pru**dent** (1) !

171e Thème.

Voyez ce pauvre soldat manchot, comme il est impot**ent** !
Voyez ces p— !
L'Amérique forme à elle seule un contin**ent**,
Les deux A— un contin**ent**.

Vous le voyez par **indigent, Laurent,** occid**ent**, ard**ent**, qui forment les mots *indigente,* **Laurentine,** *occidental,* **ardente,** *etc., etc.,* et ne viennent d'aucun verbe :

On met **ent** à la fin des mots en *an* qui ne sont pas du tout formés d'un verbe, — et ont un **t** dans leurs dérivés.

186e Dictée — 1° Clém**ent** (2) est turbul**ent** (2), et quelquefois insol**ent** (2). — Impru-

---

(1) Les mots *Laurent, occident, ardent, indolent*; — puis *confluent, confident, indulgent, prudent, impotent, continent* 1° ne viennent pas d'un verbe : — 2° ont un **t** dans leurs dérivés : *Laurentine, occidentale, ardente, indolente,* — *confluente, continental,* etc., etc. : — voilà pourquoi on doit les terminer par *ent*.

(2) *Clément, turbulent, insolent, imprudent, indécent*; — puis

dent (1), ne marche pas si près de la rivière ! — Ne croisez pas vos jambes, Aglaé, cela est indécent (1) = 2° Les opulents (1), les riches, ceux qui sont aisés seulement, doivent à l'indigent (1) les aliments nécessaires à la vie, et des vêtements décents et chauds. — Marie, si vos prières sont ferventes (1), le bon Dieu vous exaucera certainement.

SUPPLÉMENT

La prudence est la mère de la sûreté.

Remarquez que : Le substantif **prudence** est formé de l'adjectif prudent qui finit par **ent**.

184e **Copie.** — Dieu est *présent* partout, que sa présence vous empêche de faire le mal. — Vous devez être *indulgent*, Gaston, car vous avez besoin d'indulgence. — Qui de vous, mes amis, n'a pas quelque impatience (2) d'être au premier Janvier? — La décence est la véritable parure d'une jeune fille, ma Clémence.

187e **Dictée.** — Laurence, si vous êtes sage, vous ne ferez vos confidences qu'à votre mère; soyez toujours sûre de son indulgence. — Un peu de patience, Gaston; ayez la prudence du serpent avec la simplicité de la colombe.

---

*opul*ent, *indig*ent, *ferv*ent, *etc.* 1° ne sont pas formés d'un verbe, — 2° ont un *t* dans leurs dérivés : *Clémentine, turbulente, insolente, etc.*

(1) Voir la note 2, page 195.

(2) 1° Impatience, décence, Clémence ; — Laurence, confidence, indulgence, patience, prudence, sont formés des mots en **ent** : impatient, décent, Clément, etc., etc., ils doivent donc conserver en.

Vous le voyez par **prudence** (formé de prud*ent*), **impatience** (d'impati*ent*), *etc., etc.* :

On termine par **ence** les mots en *ance* formés des mots en *ent*.

134e LEÇON,

ou : *Quel* **grand** *champ! il est tout* **blanc** *de marguerites.*

Remarquez que : **Grand** a pour dérivé *grande*, **champ** a *champêtre*, **blanc** a *blanche*. — Relire la Remarque générale, page 135.

185e **Copie.** — **1°** Mon ami, soyez toujours **franc** (1). — Visitâtes-vous le **camp** (1) de Compiègne avec **Ferdinand** (1)? — Gargantua, qui dévore beaucoup d'**aliments** (1), est un **gourmand** (1); **Clément** (1), qui aime les gâteaux et les sucreries, est un **friand** (1). = **2°** Oh! si j'avais le fusil d'**Armand** (1)! — Le **chant** (1) du serin est assez varié. — Pourquoi pleures-tu, **Laurent** (1)? Je me suis coupé avec votre couteau, voyez mon **sang** (1). Tu sauras à tes **dépens** (1) ce que coûte la désobéissance, je t'avais défendu d'y toucher.

172e Thème.

Que mon petit ami se place sur ce **banc** (*ban***qu***ette*) (2),
Que mes p—.
Le fruit du chêne est le **gland** (*glan***d***e*),
Les f—.

(1) Les dérivés *franche, camper, Ferdinande, alimentation, Clémentine, gourmande* et *friande*; — puis *Armandine, chanter, Laurentine, sanglant, dépenser*, etc., font bien connaître la nécessité de la lettre muette qu'on a mise ici à la fin des mots à difficulté : **franc, camp**, etc., etc.

(2) Le *c* se change quelquefois en *qu* dans les dérivés.

Comme vous le voyez dans **grand, champ, blanc,** *etc., etc.* :
Après le son an qui termine le mot on met la consonne qu'on entend dans le dérivé.

188e **Dictée.** — 1° Le petit chat bl**anc** (1) d'Armande fait le gros dos. — Le brochet est si gourm**and** (1) qu'il avale des poissons, des brochets même, tout entiers.— Quel joli gl**and** (1) p**end** (1) à cette branche de chêne ! = 2° Le tombeau du roi Mausole a été mis au r**ang** (1) des sept merveilles du monde. — Un jeune pâtre d'Israel a sauvé sa patrie en tuant (2) un gé**ant** (1) redoutable. — Que de travailleuses dans ce ch**amp** (1) ! — L'enc**ens** (1) embaume ces lieux.

135e LEÇON,

*ou : Voyez Minon, il est à p***eindre** !

186e **Copie.** — 1° Mon ami, sachez vous astr**eindre** à travailler avec exactitude, et à n'enfr**eindre** jamais les ordres de votre père. — Monsieur le marchand, voulez-vous av**eindre** cette belle ménagerie? je désirerais l'acheter pour ma petite Aloïse. = 2° Mon papa, ne p**ein**drez-vous pas ce joli paysage? — L'industriel dont l'état est de t**eindre** le lin, la toile, le drap, etc., est le t**ein**turier. — Dans l'été, la verdure prend une t**ein**te foncée.

(1) Les dérivés *blanche, gourmande, glande, pendre, ranger, géante, champêtre, encenser*, etc., indiquent les lettres muettes *c, d, g*, etc., qui terminent ici les mots à difficulté.

(2) La conjugaison des verbes fait comprendre pourquoi il faut terminer par *ant* le mot **tuant**.

Vous le voyez par peindre, astreindre, etc., — teinturier, *etc.*, *etc.* :

On met ein dans les verbes en *eindre*, — et dans les substantifs et les adjectifs formés de ces verbes.

189e **Dictée.** — **1°** C'est une grande imprudence que d'é**teindre** une chandelle dans un grenier à foin. — Dans cette saison, les champs sont d'une beauté que je ne saurais dép**eindre**. = 2° On a fait enc**eindre** Paris de fortifications, et le colonel dit que c'est pour le défendre ; il avait déjà une enc**einte** de murailles. — Faites **teindre** ce lin par mon **teinturier**, il prendra à la **teinture** de belles nuances.

SUPPLÉMENT

1° Je **peins**. — *Que* **peins**-tu ?

REMARQUE. — On finit par EINS les mots des verbes en **eindre** joints à **je** et à **tu**, et qui se terminent par le son **in**. — Relire la Remarque, page 168.

187e **Copie** (ou 190e **Dictée**). — **1°** Flore, (*toi*) av**eins**-moi mon châle, disait impérieusement une petite fille. Élodie, lui dit sa mère, tu devais dire : Veux-tu m'aveindre ? il n'est pas joli pour une petite fille d'intimer des ordres. — *Je* **peins** souvent ; la peinture m'amuse beaucoup ; et toi, Marie, **peins**-*tu* ?

2° Maman **peint**, elle **peint** *souvent*.

REMARQUE. — On finit par EINT les mots des verbes en **eindre** joints à **il**, à **elle**, à **on**, ou à un **substantif**, et qui se terminent par le son **in**. — (Remarque, page 169.)

= **2°** *Maman* **peint** de bien jolies roses. — *Vic-*

toire éteint le feu maladroitement. — La *robe* verte de ma poupée déteint.

136e LEÇON,

ou : Vous aimerez votre prochain comme vous-même.

Remarquez que : Le mot prochain a pour féminin le mot prochaine.

188e **Copie.** — 1° Maman, est-il bien certain (1) qu'un unique grain (1) de blé a produit soixante-quatorze épis? — Les Romains (1) ont dominé le monde. = 2° Mon ami Romain (1), si tu ne recherches pas la perfection, tu travailles en vain (1). = Beaucoup d'Africains (1), les nègres, ont la peau aussi noire que du charbon; les Américains (1) ont la peau cuivrée ou orangée.

173e Thème.

Le fils de mon oncle est mon cousin germain (germaine),
Les f—.
L'État romain a pour capitale Rome, sur le Tibre,
Les Ét— capitale R—.

Vous le voyez dans prochain, certain, grain (qui forment prochaine, certaine, graine), *etc., etc.* :
On termine en général par ain les mots qui ont un dérivé en *aine*.

191e **Dictée.** — 1° Les contes sont fort utiles; en voyant combien certains défauts, certaines étourderies sont ridicules dans les autres, on les évite pour soi. — Oh! Germain (2), quel magnifique rideau de peupliers dans le lointain (2)!

---

(1) *Certain* a pour dérivé *certaine; — grain a graine; — Romain* a *romaine; —* vain a *vaine; — africain* et *américain* font : *africaine, américaine.*

(2) *Germain* fait *Germaine; — lointain* fait *lointaine; — sain fait ici* saine et *sanitaire; — vilain* fait *vilaine; — châtain* est analogue à *châtaigne.*

= 2° Le raisin est très-**sain** (1) lorsqu'on n'en mange pas comme une gourmande. — Il est bien vil**ain** (1) de feindre un sentiment qu'on n'éprouve pas. — J'admire les cheveux chât**ains** (1) d'Alicia, ils sont chât**ains** comme les chât*ai*gnes!

137e LEÇON,

ou : Dieu fait **bien** *ce qu'il fait.*

189e **Copie.** — **1°** Adri**en,** le moy**en** de ne pas vous rendre importun, c'est de rester calme et de peu parler; vous entendez b**ien**? — Que dev**ien**driez-vous, Maximil**ien,** si vous preniez cette vipère? = **2°** Les rois de France se divisent en trois races : les Mérovingi**ens**, les Carlovingi**ens** et les Capét**iens**. — Les naturels de l'Amérique, qui formaient autrefois des hordes, ont été dispersés par les Europ**éens**.

174e **Thème.**

Le nègre océan**ien** passe pour le plus stupide des nègres,
Les n—.
Le plus anc**ien** d'une compagnie en est le do**yen**,
Les plus a— des c—.

Vous le voyez par bien, Adrien, moyen, européen, *etc., etc.* :
Le son *in* s'écrit par en après une voyelle.

192e **Dictée.** — **1°** Luc**ien** est tombé en courant; il s'est fait un trou à la tête, le chirurg**ien** va le saigner. Si vous tombiez, Maxim**ien**, il faudrait qu'on vous saignât aussi. — Comb**ien** le ch**ien** rend de services! = **2°** Sais-tu, Jul**ien**, qu'on est parvenu à faire lire les aveugles au

(1) Voir la note 2, page 200.

moyen de caractères en relief? — Sébas**tien**, ce liquide exprimé du raisin fermentera et devien-dra du vin. — Ésaü est le père des Idum**éens**.

SUPPLÉMENT

1° Je **viens**. — *Que* **viens**-tu *faire?*

REMARQUE. — On finit par IENS les mots des verbes en enir, qui sont joints à je et à tu, et qui se terminent par i-in.— (Relire la Remarque, page 168.)

190e **Copie** (ou 193e **Dictée**). — **1°** *Je* **viens** te présenter un joli chien blanc, ma petite amie. — Si *tu* **viens** lire bien vite, Edmée, je te con-duirai moi-même aux Tuileries; **viens**-*tu?* — D'où **viens**-*tu?* (*Toi*) **Tiens**, voici des gâteaux, etc.

= 2° Le *pilote* **tient** *le gouvernail.*

REMARQUE. — On finit par IENT les mots des verbes en enir joints à il, à elle, à on, etc., ou à un sub-stantif, et qui se terminent par i-in. — (Remarque, page 169.)

2° *Louis* **vient**, *il* **vient** pour jouer avec vous; recevez-le bien, ne lui refusez rien. — Voyez Antigone qui conduit et *qui* sout**ient** son père aveugle.

138e LEÇON,

ou : Le poing *c'est la* main *fermée.*

Remarquez que : Le *dérivé de* poing *est* **poignet**; — **main** *a pour dérivés* manufacture, manipuler, *etc.*

Nota. On doit relire la Remarque générale, page 135.

191e **Copie**. — **1°** Le calme, la *sérénité* du visage est un grand charme; Blanche, ayez le front

serein. — L'**étain** (1) est au nombre des métaux précieux. — J'ai le *poignet* foulé et Lucas me menace du **poing**. = 2° Il y a quatre **points** cardinaux. Que d'ins**tinct** dans le chien de berger! — **Saint** (1) Louis protégea tous les pauvres de son peuple.

192e **Copie.** — 1° Aspasie, votre tablier est **plein** (2) de taches, je vous punirai! — Distribuez du **pain** (2) à ceux que la **faim** (2) tourmente, et Dieu vous le rendra au centuple. — Vos pleurs sont **feints**, Eustache. = 2° **Saint** Laurent a été mis sur le gril. — Ermance, prononcez *distinc*-*tement* quelques mots : écoutez bien! entendez-vous comme tous les sons en sont dist**incts** à votre oreille?

139e LEÇON,

ou : Nous *fourniss***ons** *au roi du sang et des richesses.*

193e **Copie.** — 1° Notre figure décèle ce que *nous* cherch**ons** à cacher. — (*Nous*) Épargn**ons** aux infortunés la honte de tendre la main. = 2° Sortir**ons**-*nous* un peu ce matin, mon papa? Oui, Constance; *nous* fer**ons** une promenade au jardin après le déjeuner; *nous* y entendr**ons** chanter les petits oiseaux, et puis *nous* y goûter**ons**.

(1) *Étamer, sanctifier*, font connaître l'**a** qui est au milieu de *étain, saint*; — quant aux lettres finales de *point, instinct, saint*, on les trouve dans *pointe, instinctif, sainte*.

(2) L'*e* de *plein* se trouve dans *plénitude*; — l'*a* de *pain* et de *faim* dans *panier, panetier, famine*; etc. — quant à l'adjectif *feint* 1° il fait au féminin *feinte*; 2° il vient du verbe *feindre*, qui a *ein*.

Qu'y mangerons-*nous* ? Emporte ton pain, *nous* y trouverons du fruit.

175e Th. Je prie Dieu, et *nous* le prions tous,
J'oublie le mal, et *nous* oubli... nos maux,
J'écris un billet, et *nous* en écriv... deux,
Je crois en Dieu, et *nous* y croy... aussi,
Je viens ici, et *nous* y ven... également.

Vous le voyez dans nous fournissons, nous voyons, *etc., etc.* :
On termine par **ons** les mots des verbes joints à *nous*.

194e **Dictée.** — **1°** C'est de l'eau de l'Océan que *nous* tirons une grande partie du sel que *nous* employons en France. — (*Nous*) Entrons dans ce bosquet, gagnons ce chemin si délicieusement ombragé, et suivons-le. Où irons-*nous* par là ? = **2°** *Nous* nous orienterons, c'est-à-dire *nous* tâcherons de distinguer de quel côté est le midi; *nous* marcherons de ce côté, et *nous* regagnerons notre demeure. — (*Nous*) Ne faisons jamais à autrui ce que *nous* ne voudrions pas pour nous.

140e LEÇON.

ou : Mes paroles *ne passer***ont** *point* (a dit Jésus-Christ).

194e **Copie.** — **1°** Les *boulangers* **font** du pain, les *vignerons* **font** du vin, les *lingères* **font** des chemises, et les *couturières* **font** des robes. — Les petites *filles qui* se fer**ont** gronder en présence de leurs compagnes ser**ont** bien honteuses. =

2° Mon papa, il n'y a plus de blé, d'orge ni d'avoine dans les campagnes; où les jolies petites cailles se cacher**ont**-*elles?* — *Elles* se cacher**ont** dans les chaumes, Émilien, mais les *chiens* saur**ont** bien les y trouver, et les *fusils* ne les épargner**ont** pas.

176° Thème et 177°.

1. L'*élève qui* aur**a** le prix (priser) *recevr***a** un beau livre,
Les *élèves qui aur***ont** les p— *recevr***ont** de beaux l—.
Le *chien* fidèle *défendr***a** son bon maître,
Les *ch*— leurs b—.

2. La petite *fille* active *fer***a** vite sa tâche,
Les *p*— leur tâche.
L'*artiste peindr***a** cette mémorable bataille,
Les *a*—.

Comme vous le voyez dans mes paroles passeront, ils cacheront, *etc., etc.* :
On écrit le son *on* par **ont** à la fin des mots de verbes joints à *ils*, à *elles*, etc., ou à un *substantif pluriel.*

195° **Dictée. — 1°** Que de paysans dans le pré! qu'y fer**ont**-*ils*, ma mère? Mon Adèle, *ils* **vont** couper nos foins; puis les petites filles et leurs *frères* prendr**ont** leurs fourches et leurs râteaux, *ils* étendr**ont** le foin, et les *rayons* du soleil le sècher**ont**. = **2°** Ensuite? Les *faneuses* en fer**ont** des tas; puis les *voituriers* viendr**ont** prendre ces foins, et *ils* les porter**ont** dans le grenier de l'écurie : les *chevaux* de ton papa en ser**ont** fort aises, *ils* se régaler**ont** bien.

141e LEÇON,

ou : Coupe des **joncs** *le* **long** *des rivières.*

Remarquez bien que jonc, long ont pour dérivés *joncher longue*.

Voir la Remarque générale, page 135.

195e **Copie.** — **1°** Notre globe est **rond** (1) comme une boule. — Le platine est un métal beaucoup plus pesant que le **plomb** (1). — Dites-moi le **nom** (1) du métal avec lequel on fait les pièces de cent sous. = **2°** Avez-vous vu de l'amiante? Ce minéral est bien extraordinaire, il se présente en **longs** (1) filaments soyeux qui se filent. — La poule **pond** (1), elle couvera, et de ses œufs sortiront de petits poulets.

196e **Dictée.** — **1°** Le héron au **long** cou voyageait sur ses **longs** pieds. — Nous employons pour étamer l'étain mêlé avec du **plomb**. Les nègres ont le **front** (2) aplati, les mâchoires avancées, et les lèvres grosses. = **2°** Nous mènerons nos amis dans les prés; ils y feront tant qu'ils voudront des sauts et des **bonds**, pendant que nous tresserons des corbeilles de **jonc**. — Le **mont** Vésuve est un volcan.

---

(1) *Ronde, plombier, nommer, longue, pondre,* font bien connaître les consonnes qui doivent terminer, *rond, plomb, nom, long,* elle *pond.*

(2) *Front* a pour dérivé *affronter, effronté;* — **bond** a *bondir;* — **jonc** a *joncher;* — de **mont** on a fait *montagne.*

= 3° SUPPLÉMENT POUR LE SON **UN** FINAL.

Le jardinier déf**unt** (1) cultivait les rosier ses roses du roi avaient le plus suave parf**um** (1).

142e LEÇON,

ou : **Où** *irons-nous? aux Tuileries ou (ou bien) au Jardin des Plantes?*

196e **Copie.** — **1°** Je suis contente de toi, ma fille; pour te le témoigner *ou* (*ou bien*) j'inviterai tes petites amies à passer ici la matinée, *ou* (*ou bien*) je te conduirai **où** tu voudras. — Que préfères-tu, le muguet *ou* (*ou bien*) le lilas? = **2°** Dieu a créé les poissons pour l'élément **où** ils font leur demeure. — **Où** avez-vous vu une petite fille aussi gâtée que Zulime qui disait à son père *ou* (*ou bien*) à sa mère : Il me faut une montre, *ou* (*ou bien*) je me rendrai malade à force de crier?

Vous le voyez par où irons-nous? aux Tuileries *ou* (*ou bien*) au jardin, *etc., etc.* :

On écrit avec un accent sur l'**u** le mot **où** quand on ne peut pas le remplacer par *ou bien*.

197e **Dictée.** — **1°** Chaque jour ma petite Marie dit d'elle-même : Papa, *ou* (*ou bien*) maman, voulez-vous me faire lire *ou* (*ou bien*) me faire écrire? Voilà une petite fille qui n'est pas paresseuse! **Où** mènerons-nous Marie pour lui té-

(1) *Déf*unt fait *défunte*, — parfum fait *parfumer*.

moigner notre satisfaction? = 2° La Fontaine a dit : **Où** la mouche a passé le moucheron demeure. — Nous irons aux Tuileries *ou* (*ou bien*) au bois de Boulogne, enfin **où** nos mères voudront.

198e **Dictée.** — 1° Après la mort d'Abel, Dieu dit à Caïn : « **Où** est ton frère? » — « Je n'en sais rien ! » répondit le meurtrier. J'ai frémi quand j'ai lu dans la Bible *ou* (*ou bien*) dans l'Ancien Testament ces paroles insolentes et mensongères. = 2° **Où** as-tu acheté la gaufre *ou* (*ou bien*) la meringue que tu déposes là? — Je vais **où** le vent me mène, *ou* (*ou bien*) plutôt **où** les circonstances m'entraînent.

143e LEÇON,

ou : Comme vous avez la **joue** *rouge!*

197e **Copie.** — Justine, redites après moi : « La France et la Belgique possèdent un grand nombre de mines de houille. » Quoi! vous boudez? Fi! qu'elle est hideuse la petite Justine quand elle fait la **moue**! — Marchande, toutes les prunes de votre panier qui sont tombées dans la **boue** du ruisseau!

178e Thème.

Où votre jardinier placera-t-il cette **houe**?

Où v—?

Où ce matelot travaillera-t-il? sur la pr**oue**, ou sur la poupe du navire?

Où ces m—.

Vous le voyez dans la joue, *la* moue, *etc., etc.* :
On met oue à la fin des mots féminins en *ou*.

199e **Dictée.** — Les singes de l'ancien continent ont sous la **joue**, dans la bouche, des **abajoues**, sortes de poches où ils renferment des vivres. — Voyez, Aline, votre pantalon blanc est rempli de **boue**. — Nous ferons placer votre cargaison de houblon dans une **toue**.

Son **ou** SUIVI D'UNE CONSONNE MUETTE.

198e Copie.

(*Supplément.*)

Le toucher, le **goût** (1), l'odorat, l'ouïe et la vue sont les cinq sens. — Maman, je n'aime pas ce **ragoût** (1). — N'admires-tu pas, Béatrice, la complaisance d'Anna qui **coud** (1) une robe pour ta poupée?

144e LEÇON,

*ou : La lamp***roie** *vit dans la Loire.*

199e **Copie.** — 1° Aux montagnes de la Savoie, je naquis de pauvres parents. — Cette grande chambre chaude est une magnanerie, on y élèvera les insectes (vers) qui feront de la **soie**. — Les lamp**roies** se plaisent dans la Loire. = 2° Que nous aurions de **joie** si l'on nous ache-

(1) *Goût, ragoût*, ont pour dérivés *goûter, ragoûter*; — coud vient ici du verbe *coudre*.

tait un jeu d'**oie**! — Les cages à poulets sont des paniers ronds à claire-**voie**.

179e Thème.

L'oiseau de pr**oie** déchire toute vivante la bête qu'il a prise,
Les ois—.
Est-ce l'**oie** noire qui glousse?
Sont-ce les oi—?

Vous le voyez dans la lampr**oie**, *la* Sav**oie**, *etc., etc.* :
On termine par **oie** la plupart des mots féminins en *oi*.

200e **Dictée.** — **1°** La Sav**oie** est une contrée montagneuse. — C'est un manger délicat que la lampr**oie**. — Regarde cette route, Albertine, les bandes de métal qui y tracent la **voie** portent le nom de rails. = **2°** Le milan, le faucon, l'aigle, etc., sont des oiseaux de pr**oie**. — Ce lin de la Nouvelle-Zélande, je le ferai teindre par un bon teinturier; il prendra des nuances aussi vives que celles de la s**oie**.

SUPPLÉMENT

1° Je **crois** *en Dieu.*

REMARQUE. **On termine** *souvent* **par** OIS **les mots des verbes ajoutés à je et à tu** (1). — **Relire les remarques, pages 168 et 169.**

200e **Copie** (ou 201e **Dictée**). — **1°** *Je* crois en Dieu, le Père tout-puissant. — Que vois-*je?* cria le bûcheron, ôtez-moi cet objet! — *Tu* vois

(1) NOTA. *Cette remarque ne convient pas aux mots des verbes en* oyer. *Voir* Eléments de grammaire pratique, — et l'Orthographe enseignée par la pratique aux enfants de 7 à 9 ans.

qu'il est bon de contenter son père. — **Vois**-*tu* ce grand chêne là-bas?

2° On **voit** *d'ici une nacelle.*

REMARQUE. — On termine souvent par OIT les verbes ajoutés à il, à elle, à on, etc., ou à un substantif (1).

= **2°** Plus l'*hydropique* **boit**, plus *il* **voit** redoubler la fièvre qu'*il* cr**oit** apaiser. — C'est dans les grands dangers qu'*on* **voit** les grands courages.

145e LEÇON,

*ou : Franç*ois *a mal au d*oigt.

Remarquez-le : Le dérivé de François est Françoise; — et le substantif **doigt** a pour dérivés : doigtier, digitale.
Relire la Remarque générale, page 135.

201e Copie. — 1° L'Amérique a été découverte à la fin du quinzième siècle par un Gén**ois** (2) au service de l'Espagne. — Tous les animaux carnivores ont les d**oigts** (2) des pieds distincts et armés d'ongles. = **2°** Certain païen chez lui gardait un dieu de b**ois** (2). — Savez-vous, Ben**oît** (2), que des infortunés ont vécu plusieurs mois dans des régions voisines du pôle où le fr**oid** (2) était assez grand pour congeler le mercure?

202e Dictée. — 1° Le litre avec lequel on mesure les matières sèches, la farine et toutes les graines, est en **bois**. — Les reptiles et les

---

(1) Voir le NOTA, page 210.

(2) **Génois, bois** ont pour dérivés : *Génoise, boiser*, etc. — **Benoît** a *Benoîte;* — **froid** a *froide*; **doigt** fait, comme nous l'avons vu, *doigtier, digitale*, etc.; = enfin **toit** a pour dérivé *toiture*.

poissons ont le sang **froid**. — Ce pauvre **François** qui est tombé d'un **toit** sur le pavé ! = 2° Le chat a la langue rude, et des ongles crochus qui se relèvent et se cachent entre ses **doigts**. — Autrefois on mesurait le **bois** à la voie, maintenant on a coutume d'employer le stère ; savais-tu cela, **Benoît** ?

146e LEÇON,

ou : La **queue** *du poisson est son gouvernail.*

202e **Copie.** — **1°** Les sapajous se servent de leur **queue**, comme d'une troisième main, pour saisir et pour entourer les branches auxquelles ils se suspendent. — Oh ! la jolie demoiselle **bleue** ! = **2°** Sais-tu, Bastien, que nous sommes à plus de trente-quatre millions de **lieues** du soleil? — Le grelot du crotale (serpent à sonnettes) est placé à l'extrémité de sa **queue**.

Vous le voyez par la queue, *la* lieue, *etc., etc.* :
On écrit le son *eu* par eue à la fin des mots féminins.

203e **Dictée.** — **1°** Quelle joie, Anatole ! mon papa m'a dit que tu viendras passer une huitaine avec moi à la maison de campagne qu'il a louée à Auteuil, dans la banl**ieue** de Paris. = **2°** Il y a dans l'Amérique un fleuve qui traverse mille lieues de pays. — Maman, puis-je prier Artémise de m'aveindre la capote **bleue** de ma poupée? — Beaucoup de comètes ont après elles des traces lumineuses, des queues.

SUPPLÉMENT

1° Je **veux** *me corriger*. — Tu *le* **peux.**

REMARQUE. — On termine par EUX **je peux ou tu peux; — je veux ou tu veux.**

203ᵉ **Copie** (ou 204ᵉ **Dictée**). — **1°** *Je* ne **veux** pas que tu touches à ma poupée, **veux**-*tu* bien n'y pas toucher? disait Elvire, *je* ne le **veux** pas! Qu'entends-je, s'écria madame Lemoine, ma petite fille qui dit : *Je* **veux** : mais *je* ne **peux** pas tolérer cela; sais-tu que le roi lui-même dit : Nous voulons!

2° Il *pleut*, il *pleut*, *bergère!*

REMARQUE. — On termine par EUT **les verbes joints à il, à elle, à on, etc., ou à un substantif.**

= **2°** Marie a fini sa dictée, *elle* **peut** s'amuser toute cette après-dînée. *Qui* **veut** jouer avec elle? — La *lecture* de ce conte ém**eut** trop ma petite Félicie. — *Il* **pleut,** *il* **pleut**, retournons à la maison!

147ᵉ LEÇON,

*ou : Chien hargn***eux** *a toujours l'oreille déchirée.*

204ᵉ **Copie.** — **1°** Ne touchez pas au fusil de Benoît, mon fils, un fusil est toujours dange**reux**. — (*Nous*) Approchons de ce chêne, voyez combien le branchage en est angul**eux** et nou**eux**. — La houille, ce combustible si pré-

cieux, se trouve dans notre globe par couches ou bancs. = **2°** Les menteurs sont odi**eux**. — L'écolier qui se vante est un sot vanit**eux**, un ridicule orgueill**eux**; il n'aura pas un ami. — Le petit Carle est si curi**eux** que chacun se cache de lui, il doit être bien hont**eux**.

180e Thème.

Le petit jardinier est tout hont**eux**, il a fait un mensonge.
Les p— des m—.
Qu'un visage maussade est hid**eux** à voir!
Que les v— à voir!

Vous le voyez par **hargneux, dangereux, anguleux**, *etc.*, *etc.* :
On termine par **eux** les adjectifs en *eu*.

205e **Dictée.** — **1°** L'esturgeon est un poisson cartilagin**eux**. — Que votre hydromel est vin**eux** ! — L'œuf qui reproduira ce large papillon ne sera pas plus volumin**eux** que la tête d'une épingle. = **2°** Francisco a fini son noviciat, depuis deux mois il est religi**eux** profès. — Écoutez le murmure des eaux sur ce lit rocaill**eux**. — Rien n'est plus danger**eux** qu'un ignorant ami.

148e LEÇON.

1re RÉCAPITULATION

206e **Dictée.** — Faites laver vos mains et votre visage, Clément, il est honteux de se présenter ainsi devant sa mère. — Valérie, ne touchez pas à ce couteau, cela est trop dangereux;

vous vous couperiez les doigts. Les petites filles ne doivent pas jouer avec les couteaux, le tranchant les blesse et les fait saigner. — On est bien calme lorsqu'on peut se dire en se couchant : J'ai été sage toute ta journée !

207e **Dictée.** — Le petit François faisait toujours du mal aux chats; il les prenait par la queue ou par les oreilles, les pressait dans ses bras, leur jetait de l'eau, leur tirait les moustaches..... Un beau jour un chat furieux lui égratigna toute la main : cela fut bien douloureux pour le pauvre petit François; mais aussi, pourquoi s'amusait-il à tourmenter les animaux ?

208e **Dictée.** — **1°** Didier était aussi peureux que vaniteux : à l'entendre, il pouvait pourfendre les géants et renverser les murailles ; mais le frôlement d'un papillon sur sa joue, la vue d'une chenille, lui causait un douloureux frisson : un jour le domestique de son père, tout joyeux de sa capture, entra brusquement dans la chambre, portant trois souris dans une souricière. = **2°** Didier pâlit, cria, recula ; deux malicieux camarades qui étaient présents se moquèrent amèrement du petit peureux, leurs plaisanteries le rendirent tellement honteux, qu'il se guérit de ses frayeurs insensées : espérons que son père le guérira de ses ridicules vanteries !

FIN DE LA TROISIÈME SECTION.

QUATRIÈME SECTION

CONSONNES DOUBLES, ETC., ETC.

(*Voir* l'AVIS TRÈS-ESSENTIEL, page 6.)

DES CONSONNES DOUBLES

149e LEÇON.

§ Ier, *ou : Mes fils s'***acc***ordent toujours bien.*

205e **Copie.** — **1°** Élisa, tu devrais bien descendre de ce pauvre petit ânon; tu l'**acc**ables, il fléchit sous toi. — Pendant que notre globe tourne autour du soleil, la lune l'**acc**ompagne dans sa marche. — Ce sont les petites filles mal élevées qui s'**acc**oudent sur la table en mangeant (1). = **2°** Fi! la petite vaniteuse, comme elle s'en fait **acc**roire! — L'avare ne songe qu'à **acc**umuler. — On cherche à **acc**limater chez nous l'indigotier. — Maman, veux-tu que nous **acc**eptions l'invitation de Sara?

181e Thème.

En Afrique, le nègre s'**acc**roupit pour manger,
Les n— s'**acc**roupissent pour manger.
J'**acc**ompagne ce musicien sur ma harpe,
Nous **acc**ompagnons ces m— sur nos h—.
Le sage **acc**epte avec calme la contradiction,
Les sages **acc**— avec calme les c—.

Vous le voyez par accorder, accable, *etc., etc. :*
On écrit avec **cc** beaucoup de mots qui commencent en *ac*.

209e **Dictée.** — **1°** Les petits élèves sages s'**acc**outumeront jeunes encore au travail. —

(1) Voir pour mang*eant* la note page 198.

Sur le marché, la populace hua un étranger qu'elle **acc**usait d'avoir **acc**aparé tous les blés de la province. = **2°** Mon oncle, apercevez-vous une pauvre vieille **acc**roupie sur le seuil de sa chaumière ? veuillez la soulager et lui **acc**order quelques sous. — Ah ! ma bonne mère, quel **acc**ident fâcheux ! j'ai fait un **acc**roc à ma jolie robe de barège.

Les mots commençant en aké, aki, *doivent s'écrire par* **acqué**, **acqui** (*car* accé *et* acci *se prononcent* axé, axi).

206ᵉ **Copie** (*Supplément*). — **1°** Par l'usage et l'exercice, nous **acqu**érons (1) dans l'odorat, le goût, l'ouïe, etc., enfin dans tous nos sens, une perfection incroyable. = **2°** Fernand, le docile, le pieux Fernand, s'est **acqui**s (1) l'estime de tous ses camarades. — Mes oncles feront certainement l'**acqui**sition (1) du château de M** avec ses dépendances, ils l'ont dit à papa.

---

§ II, *ou : Fuyez l'***occ***asion de faire le mal, ou vous* **succ***omberez.*

207ᵉ **Copie.** — **1°** La Russie s'étend beaucoup en Europe, elle **occ**upe en Asie une étendue beaucoup plus grande encore. — Si la fréquentation d'un petit camarade est pour vous une **occ**asion de faute, vous devez l'éviter. = **2°** L'Europe est à l'**occ**ident de l'Asie. — La Maison des Loges est une **succ**ursale de la Maison de Saint-Denis. — Quelle pêche **succ**ulente !

182e Thème.

Le sage fuira toute **occ**asion dangereuse,
Les s— toutes les **occ**—.
En France, la fille ne **succ**ède pas à son père sur le trône,
En France, les f— leur père sur le trône.

Ainsi que vous le voyez dans **occ**asion, **succ**omberez, *etc., etc.* :
On écrit avec cc la plupart des mots qui commencent en *oc* et en *suc*.

210e **Dictée.** — 1° Les soins du ménage seront toujours, avec l'étude et la lecture, les **occ**upations d'une jeune fille bien élevée. — La France est bornée à l'**occ**ident par l'Océan Atlantique. = 2° Mon Dieu, ne nous laissez pas **succ**omber à la tentation ! — Dieu a accompli, par sa parole et sa volonté seules, les actes **succ**essifs de la Création.

150e LEÇON.

§ Ier, *ou : L'***aff***liction de Lise est* **eff***rayante.*

208e **Copie.** — 1° L'être **aff**able parle avec bonté à tous ceux qui ont **aff**aire à lui. — L'**aff**luent d'un fleuve, c'est le courant d'eau qui vient s'y jeter. — La vieille, plus misérable que ses servantes, s'**aff**ublait d'un **aff**reux jupon. = 2° Les roses épanouies s'**eff**euillent bientôt. — Ne jouez plus jamais avec Césaire, il a soutenu **eff**rontément à son maître un **eff**royable mensonge.

183e Thème.

Le vaillant militaire **aff**rontera toujours le danger,
Les v—.
J'entends une bien **eff**royable nouvelle,
Nous ent— de bien **eff**—.

Comme vous le voyez dans affliction, effrayante, *etc., etc.* :
On met **ff** dans les mots qui commencent en *af* et en *ef*.

211e **Dictée.** — 1° Émile, montrez-vous **affa**ble envers tout le monde, et soyez **affectueux** pour les **affligés**. — Vois donc, maman, que d'**aff**iches blanches, vertes, roses, bleues, sur la muraille; ma vue en est réjouie, je te l'**affirme**. = 2° La pluie tombe avec violence, nous aurons un **effroyable** orage, fuyons vite et rentrons. — Mon papa, je me suis **eff**leuré la jambe en tombant. — Sur les océans, il y a des vagues énormes, **effrayantes**.

§ II, *ou : Ne soyez pas* **difficile**, *prenez ce qu'on vous* **offre**.

209e **Copie.** — 1° Rien de plus **difforme** que le vice. — Le résultat de la soustraction, ce qu'on trouve quand on l'a faite, c'est le *reste* ou la **différence**. = 2° Ne dites jamais aux domestiques des paroles **offensantes**. — Caïn et Abel **offrirent** chacun un sacrifice : Abel **offrit** des moutons, Caïn des fruits; Dieu rejeta les **offrandes** de Caïn.

184e Thème.

L'Européen s'acclimate **difficilement** aux Antilles,
Les Eur—.

Que Fabien taille ce hêtre qui **off**usque ma vue,
Que Fabien et Nicolas t— notre vue.

Ainsi que vous le voyez dans **diff**icile, **off**re, *etc., etc. :*
On met **ff** dans les mots qui commencent en *dif* et en *of*.

212ᵉ **Dictée.** — **1°** Les petits élèves indolents fuient la moindre **diff**iculté. — Le fleuve **diff**ère de la rivière en ce qu'il porte ses eaux jusqu'à l'Océan, et souvent traverse une plus grande étendue de pays. = **2°** Où est Rosalie? Elle est à l'**off**ice, elle reviendra bientôt. — Papa, je veux être un **off**icier général, l'uniforme des maréchaux de France est si beau !

---

§ III, *ou : Sa poitrine* **siff***le, il* **souff***re, il est* **suff***oqué.*

210ᵉ **Copie.** — **1°** On ne dit pas l'oie chante, mais on dit l'oie **siff**le ; comme on dit le merle **siff**le, le serpent **siff**le. Maman, aurai-je à ma pèlerine une doublure de **taff**etas ou d'une autre **étoff**e de soie? — Minet est furieux, gare à ses **griff**es ! = **2°** Mes amis, demandez à votre maître qu'il accorde à Louis son pardon; l'**aff**aire **souff**rira peut-être quelques **diff**icultés, mais vous ferez preuve de bon cœur.

185ᵉ Thème et 186ᵉ.

Le vent **souff**lait dans cette direction,
Les v—.
L'oiseau de proie a des **griff**es dangereuses,
Les o— de proie—.

Fi! le méchant, il **suffo**que de colère!
Fi! les m— de colère!
Cette région polaire n'est-elle jamais éch**auffée**?
Ces r—?

Ainsi que vous le voyez dans **siffle**, **souffre**, **suffoqué**, *etc., etc.* :
On met met **ff** dans beaucoup de mots en *sif*, en *souf*, en *suf*, en *auf*, en *uf*, etc., etc.

213e **Dictée.** — **1°** As-tu entendu le **sifflet** du berger? — La saison est rude, les pauvres **souffriront** beaucoup. — Quand la vue simple ne **suffit** pas pour distinguer des objets extrêmement petits, on prend un microscope. = **2°** Que l'ombrage de ces chênes **touffus** est délicieux! — Lisez-vous les **chiffres** romains aussi bien que les **chiffres** arabes? — Les cochons fouillent au pied de ce chêne; il y a certainement une **truffière** ici, nous y trouverons des **truffes**.

151e LEÇON,

*ou : Regardez le télé***graphe**, *Sophie.*

211e **Copie.** — **1°** Que veut dire ce signe §, que j'ai remarqué hier devant : « *Sa poitrine siffle*, etc., » à la page 223? Il veut dire para**graphe**, ou division, section. = **2°** Étudiez bien la géo**graphie**. — A quoi servent les signaux du télé**graphe**, mon papa? A porter très-loin, en quelques minutes, des ordres et des nouvelles.

187e Thème.

L'épi**graphe** se place sur le titre même du livre,
Les ép— même d—.

Monsieur Balbi est un bon géo**graphe**
Messieurs Balbi et Lapie sont de b—.

Comme vous le voyez par télé**graphe**, para**graphe**, *etc., etc. :*
On met **ph** dans tous les mots qui finissent en *graf* (excepté dans *agrafe.*)

214e Dictée. — **1°** Lisez l'épi**graphe** qui est sur le titre de ce livre. — Quelle invention merveilleuse que celle du télé**graphe** électrique ! = **2°** Le cosmo**graphe** décrit tout le monde créé ou visible, le géo**graphe** décrit notre globe, l'hydro**graphe** s'occupe des eaux qui le couvrent. — Étudiez-vous déjà la géo**graphie**?

212e Copie (*Supplément*). — **1°** Écoutez bien, So**ph**ie : Aristote est un des premiers **ph**iloso**ph**es de la Grèce, Alexandre-le-Grand a été son élève. — En Israel, le pro**ph**ète était inspiré de Dieu. = **2°** On admire à Constantinople l'église de Sainte-So**ph**ie, elle a été transformée en mosquée. — José**ph**ine, le **ph**os**ph**ore brille dans l'obscurité. — Les séra**ph**ins ce sont des anges, et ma Séra**ph**ine, c'est ?...

Vous le voyez par So**ph**ie, **ph**iloso**ph**e, *etc., etc. :*
On met **ph** pour peindre le *f* dans beaucoup de mots tirés du grec, de l'hébreu, et d'autres langues de l'Orient.

152e LEÇON,

ou : **All***ons danser sur la* **coll***ine.*

213e Copie. — **1°** Ce n'est qu'en se repliant et en s'**all**ongeant successivement que le reptile peut changer de place. — L'Arche d'**All**iance était, chez les Juifs, le coffre précieux où ils gardaient les Tables de la Loi. = 2° Sophie a une magnifique **col**lection de coquillages et de papillons. — Les **col**léges sont en vacances, deux **col**légiens viendront passer huit jours avec nous à la campagne; que nous **al**lons faire de belles parties!

188e Thème.

Votre jument a une **al**lure fort douce,
Vos j—.
Mon frère **col**lait sa gravure dans son album,
Mes fr— leurs g—.

Ainsi que vous le voyez dans allons, colline, *etc., etc.* :
On met très-souvent **ll** au commencement des mots en *al* et même en *col*.

215e **Dictée.** — 1° Les langoustes ont une queue **al**longée, et terminée par une sorte de nageoire en éventail. — Ah, qu'il fait froid! maman, voudrais-tu qu'on **al**lumât du feu? — On récolte le raisin, l'**al**légresse est générale : **al**lons danser avec les travailleurs. = 2° Le pas, le trot, le galop, sont les **al**lures naturelles du cheval. — Mon Simplice, le **col**let de votre veste est trop bas. — Si tu pousses un cri dans la direction de cette **col**line, tu crois entendre là quelqu'un qui le répète; c'est une illusion (1) de ton ouïe.

---

(1) Les mots où l'on entend les deux *l* n'offrent aucune difficulté, et l'élève écrira naturellement bien : i*ll*usion, mi*ll*ésime, ga*l*-*l*inacé, pa*ll*adium, etc.

Les autres difficultés de l'articulation *l* qui peuvent être résolues par des règles ont été placées, comme supplément, vers la fin de la 2e section. — On peut y voir, de la 72e leçon à la 79e (page 100 à 110), ce qui concerne les mots en **il** ou en **ill**, en **el** ou en **elle**, et les mots en **al**.

153e LEÇON,

ou : Le **comm***erce enrichit les peuples.*

214e Copie. 1° Un singe et un chat avaient **un commun** maître, ils vivaient **comme** frères dans un logis. — Paris occupe le premier rang par son étendue, ses richesses, sa population, son **comm**erce, ses monuments et sa civilisation. = **2°** Emma (1), ne **comm**ande pas aux domestiques avec autorité. — Certains animaux mammifères (1) (*ou qui allaitent leurs petits*), les chauves-souris, etc., sont organisés **comme** les oiseaux pour voler. — Les mines de plomb sont assez **commun**es en France.

215e Copie. — 1° Ma petite Josèphe, rangeons soigneusement vos hardes dans ma **com**mode. — Les bons esprits s'ac**comm**odent à tous les caractères. — Ces po**mm**es sont rouges **comme** vos joues, en mangerons-nous? = **2°** Lorsque notre globe passe directement entre le soleil et la lune, il prive un moment la lune de la lumière du soleil; ce moment se no**mm**e éclipse de lune.

189e Thème.

Une poudrière a sauté, j'ai senti une forte **commo**tion,
Des p— sauté, nous av—senti de f—.
Cette tortue se re**comm**ande par la délicatesse de sa chair,
Ces t— la délicatesse de leur chair.

Vous le voyez dans **comm**erce, **comm**un, po**mm**e, *etc., etc.* :
On met très-souvent **m m** dans les mots en *comm* et en *omm*.

---

(1) Les mots où l'on entend les deux *m* n'offrent aucune difficulté.

216e **Dictée.** — 1° Dieu **comm**ande au soleil d'animer la nature, et la lumière est un don de ses mains. — Maman, sais-tu, la méchante Radegonde, elle a tiré Minet par la queue pour qu'il sorte de dessous la **commode**. = 2° Voyager **commo**dément sur les eaux est une grande preuve d'industrie. — Aménaïde, voulez-vous rac**commo**der les trous qui sont à mes bas? — Ferdinand, le bruit de votre fouet m'**incom**mode.

217e **Dictée.** — 1° L'Océan établit des **com**munications entre toutes les parties du monde. — Pour les Juifs, le lièvre, **comme** le pourceau, est un animal immonde. = 2° Les tiges du palmier ne portent de feuilles qu'à leur **sommet**. — Mes petits amis me **nomme**ront-ils bien les douze mois et les quatre saisons? ils auront ces deux **pommes** vermeilles s'ils les **nomment** sans faute.

154e LEÇON,

*ou : Vous répondrez toujours oblige***amment,** *évid***emment** (1).

216e **Copie.** — 1° Voyez-vous ces deux poules complais**amment** et languiss**amment** couchées dans leurs paniers? elles y resteront longtemps encore; et enfin, lorsqu'elles auront suffis**amment** couvé leurs œufs, les petits poulets, brisant les coquilles, sortiront de leurs prisons. =

(1) On devra écrire par a*mment* les mots qui sont formés d'un adjectif en *ant*, — et par e*mment* les mots formés d'un adjectif en *ent*.

2° Lorsque la tige du blé pousse trop abond**amment**, le grain est privé de séve. — Mon papa assure que son avocat parle éloqu**emment**. — On trouve fréqu**emment** dans les couches profondes du globe des débris d'animaux : des os, des coquilles, etc., et des débris de végétaux.

217ᵉ **Copie.** — **1°** Si vous secouez aussi viol**emment** ce prunier, toutes les prunes tomberont. — Ayez soin de ne jamais parler insol**emment**, durement même, ni aux ouvriers ni aux ouvrières. = **2°** Mes grands frères cherchent const**amment** à m'amuser. — Les Anglais parlent bien différ**emment** de nous. — Petit espiègle, vous répondez plais**amment**, mais rien ne prouve pour cela que vous ayez raison.

190ᵉ Thème et 191ᵉ.

1. Ta petite amie parlait oblige**amment** de toi,
Vos p—.
Ce dragon sera trop pes**amment** armé,
Ces d—.
2. La marchande vous offrira évid**emment** une poupée,
Les march—.
La jeune fille bien élevée se vêtira toujours déc**emment**,
Les j—.

Vous le voyez par obligeamment, évidemment, *etc., etc. :*
On met toujours **m m** dans les invariables en *amment* et en *emment.*

218ᵉ **Dictée.** — **1°** Laure, tu as voulu monter trop précipit**amment**, et tu es essoufflée ! ce n'est pas ma faute; je t'avais inst**amment** recommandé de monter moins vite. — Nous te trouvons plais**ammen**t affublé, Clément, avec ton casque à la romaine! = **2°** Une petite fille sage écoute pati**emment** les avis. — Maman, je désire ard**emment** que tu sois contente de ma dictée. — Ne vous liez pas imprud**emment** avec toutes les petites filles, ma chère Séraphie.

155e LEÇON,

*ou : Le déca***gramme** *vaut dix* **grammes.**

218e **Copie.** — Demandez au pharmacien un **gramme** de gomme arabique, un déci**gramme** de feuilles d'oranger, un centi**gramme** de séné, un milli**gramme** de laudanum ou d'opium. — Martin, allez nous acheter le pro**gramme** des fêtes et réjouissances.

> *Vous le voyez par* **gramme**, épi**gramme**, *etc., etc. :*
> On met **m m** dans les mots en *gram*.

219e **Dictée.** — **1°** Coralie, si tu veux être aimée dans ta pension, tu ne lanceras jamais d'épi**grammes** malignes contre tes petites compagnes. — Nos anciens rois n'employaient guère pour signature que des mono**grammes**. = **2°** Le déci**gramme** est la dixième partie du **gramme**, comme le centi**gramme** en est la centième partie; mais le déca**gramme** vaut dix fois un **gramme.**— Étudiez-vous bien la **gramm**aire?

156e LEÇON,

ou : Le coton est le duvet du **cotonnier**, *ma* **bonne.**

219e **Copie.** — 1° Les bourdons, les abeilles, les mouches bourd**onn**ent. — Albine, dès que tu sauras lire tout à fait couramment, ta **bonne** maman te **donne**ra un beau livre. — Le roi Louis-le-Déb**onn**aire est fils du grand Charlemagne. = 2° Le petit Maximin fred**onne** toujours en mangeant, il est bien mal élevé le petit Maximin ! — Que tout menteur soit **honni** ! — Quel joli chard**onne**ret ! C'est pour vous, ma mign**onne**. — Les pers**onne**s qui ont un bon caractère ne se fâchent jamais.

192e Thème.

Une importune abeille bourd**onn**ait en ce lieu,
D'imp—.
Le maître satisfait cour**onne**ra son petit élève,
Les m—.

Ainsi que vous le voyez dans cotonnier, bonne, *etc., etc.* :
On met très-souvent **n n** dans les mots en *one*.

220e **Dictée.** — 1° Aux petits des oiseaux Dieu **donne** leur pâture, et sa bouté s'étend sur toute la nature. — Mon ami, on nomme les petits des dindons des dind**onne**aux. Et les petits des pigeons? Des pige**onne**aux. Et les petits des hérons ? Des hér**onne**aux. Fort bien. = 2° La petite Sim**onne** a reçu cinq belles cour**onne**s et des livres dans sa pension; la maîtresse dit que Sim**onne** est extrêmement docile et raisonnable, et qu'elle travaille ét**onn**amment bien.

221e **Dictée.** — **1°** Augustin, vous ne ferez jamais de bouff**onn**eries, n'est-ce pas? Si vous faisiez des bouff**onn**eries, vous seriez **honni** de toute pers**onne** sensée. — Pard**onn**ez souvent aux autres et jamais à vous-même. = **2°** Dans eurs voyages, les marins souffrent quelquefois cruellement de la soif; elle les accable : que cela ne vous ét**onne** pas, ma **bonne** amie; l'eau de l'Océan n'est pas **bonne** à boire.

157e LEÇON,

*ou : Jul***ienne**, *ouvrez les pers***iennes**.

220e **Copie.** — **1°** Adr**ienne**, l'anc**ienne** alliance a duré depuis la vocation du Père des Croyants (Abraham) jusqu'à la venue du Fils de Dieu. — Luc**ienne** étouffe, elle suffoque. Qu'elle v**ienne** près de la fenêtre. = **2°** Les poissons volants se sout**ienn**ent au-dessus des eaux au moyen de nageoires assez étendues. — Sébast**ienne**, la race d'Ésaü, ou race idum**éenne**, est presque innombrable (1).

193e Thème.

Si tu étudies bien, tu deviendras un peu grammair**ienne**,
Si vous ét—.
Le costume de cette ital**ienne** est original et fort joli,
Les c— de ces deux i—.

(1) On écrit avec **inn** *innavigable, inné, innocent, innombrable, innover, etc.*, et les dérivés de ces mots.

Vous le voyez dans **Julienne, persiennes, iduméenne,** *etc., etc.* :
On met **n n** dans les mots en *ienne* et en *éenne*.

222e Dictée. — 1° Les nations anc**ienne**s et paï**enne**s ont admis des multitudes de dieux et de déesses. — Lorsque les tuyaux qui portaient les anc**ienne**s plumes d'un oiseau se sèchent, il faut que la mue surv**ienne**. = 2° Bast**ienne**, tu as promis que tu ne serais plus paresseuse, il faut que tu **tiennes** ta promesse. — Vous êtes europ**éenne**, Sophie, puisque vous êtes paris**ienne**.

158e LEÇON.

§ Ier, *ou : J'*app*elle un chat un chat.*

221e Copie. — 1° Un ange **app**arut en Judée à des bergers qui gardaient leurs troupeaux, et il leur **app**rit la naissance du Fils de Dieu. — Le plumage des oiseaux éprouve des renouvellements réguliers qu'on **app**elle mues. = 2° Si quelqu'un de ces pigeons s'**app**rivoise, vous pouvez le prendre pour le caresser. — Dans les occasions d'**app**arat, des soldats font la haie dans toutes les rues. — Avez-vous vu, mon Augustin, tous les **app**rêts de la fête?

194e Thème.

La filleule de Julienne entre demain en **app**rentissage,
Les fill— en apprentissage.
Quelle fable mon frère **app**rendra-t-il?
Quelles f—?

Vous le voyez par j'appelle, il apprit, *etc., etc.* :
On met assez souvent **p p** dans les mots qui commencent en *ap*, en *rap*, etc.

223e Dictée. — 1° Dieu **app**arut à Moïse dans le buisson ardent, et lui ordonna d'aller **app**rendre ses volontés au roi. — Cachez un objet quelconque à l'insu d'un chien ; sur un signe l'animal se met en quête, et bientôt il vous le **rapp**orte avec joie. = 2° Évidemment, tu ne seras pas aimé, Léon, si tu **rapp**ortes toujours contre tes camarades. — Un crocodile affreux sortit du fleuve (Nil), s'**app**rocha sur la rive, et happa (1), dit la fable, un des marmots qui jouaient en ces lieux.

---

§ II, *ou : Dieu* **oppo***sa Gédéon aux Madianites qui* **oppr***imaient le peuple juif.*

222e Copie. — Le Levant est à l'**oppo**site du Couchant. — Joséphine, la démarche que vous voulez faire est in**oppo**rtune. — Les Juifs, **oppri**més par les Madianites, prièrent Dieu de faire cesser leur servitude, et ils furent exaucés.

195e Thème.

Toute mère sage s'**oppo**sera au caprice de sa fille,
Toutes les m— leurs f—.
Une menteuse est l'**oppr**obre de sa famille,
Les ment— l'**oppr**obre de leurs f—.

V*ous le voyez par* oppo**sa**, opprimaient, *etc., etc.* :
On écrit avec **p p** tous les mots en *oppo* et en *oppr*.

224e Dictée. — N'**oppo**sons jamais notre volonté propre aux volontés de Dieu, apportons au contraire une docilité complète à ses déci-

(1) On dit *je happe, tu happes*, etc. Voir la remarque, page 124.

sions saintes et toujours paternelles. — Ma Pélagie, quel peuple **opprimait** les Juifs lorsque Gédéon les délivra?

---

§ III, *ou :* **Supp***orte, si tu veux être* **supp***orté.*

223ᵉ **Copie.** — **1°** Certaines personnes ont été tellement gâtées dans leur enfance que, parvenues à un âge raisonnable, elles ne peuvent plus **supp**orter la moindre contrariété. — Chez les Juifs, les **supp**lices étaient cruels. = **2°** Adrien, que désires-tu? pourquoi ce ton **supp**liant? Maman, je voudrais aller pêcher à la ligne. Présente ta **supp**lique à ton père. — Je **supp**ose que ce livre superbe (1) est un cadeau pour toi.

196ᵉ Thème.

Paulin se rend in**supp**ortable par son tapage,
Paulin et Carle se r— leur tapage.
L'ingénieur creuse ici un canal pour **supp**léer à une rivière,
Les ing— souvent des c— pour **supp**léer à des r—.

Comme vous le voyez dans supporte, suppliant, *etc., etc.* :
On met très-souvent p p dans les mots en *sup* (1).

225ᵉ **Dictée.** — **1°** A cause de ta gaucherie, je suis au **supp**lice, Eusèbe, quand je te vois en compagnie. — Le point où l'on **supp**ose que le soleil se lève est appelé le Levant. — Ésaü fut **supp**lanté par son frère. = **2°** Madame Goffin dit un jour à son fils : **Supp**osons, Lucien, que

---

(1) On écrit avec un seul p tous les mots en *super,* — et le mot *suprême.*

je te donne vingt sous, qu'achèteras-tu? Maman, j'achèterai, si papa le permet, une toupie de dix sous. Et que feras-tu du **supplément**? Je donnerai les dix autres sous à un pauvre aveugle. Dire la satisfaction qu'éprouva madame Goffin serait, je **suppose**, chose superflue.

159e LEÇON.

§ Ier, *ou : Sème, Lucas, Dieu* **arr***osera.*

224e **Copie.** — **1°** Séraphine, **arr**angeons une bonne partie de bois de Boulogne, on étouffe à Paris. — De même que le soleil et la lune, tous les astres sont **arr**ondis. — Germain, répondez à monsieur; on ne peut vous **arr**acher une parole! = **2°** Louis-Quinze était **arr**ière-petit-fils de Louis-Quatorze. — Fi! le méchant paresseux qui trépigne des pieds et s'**arr**ache les cheveux au lieu de travailler!

197e Thème.

La pluie **arr**ose la campagne,
Les p—.
Mon **arr**ière-neveu me devra l'ombrage de cet orme,
Mes **arr**ière-n— l'ombrage de ces—.

Ainsi que vous le voyez dans arrosera, arrangeons, *etc., etc.* :
On met souvent **r r** dans les mots qui commencent en *ar*, lorsque après le *r* il y a une voyelle.

226e **Dictée.** — **1°** L'as-tu remarqué, Sophie? lorsque tu prononces **o**, ta bouche s'**arr**ondit. — Maman, le chardonneret **arr**ache des graines, il les écrase; pourquoi? C'est pour faire son petit repas. = 2° Deviens soigneuse, Isabelle; les petites filles qui manquent d'**arr**angement se font constamment gronder. — Bonne Diane, ta maîtresse **arr**ive, tu es haletante de joie, tu remues la queue, tu brûles de lui prodiguer tes caresses : oh ! la bonne chienne que tu es.

---

§ II, *ou :* **Corr***ige ma* **corr***espondance.*

225ᵉ **Copie.** — 1° Le père sage **corr**ige son fils de ses moindres défauts. — Noé fut sauvé lors du Déluge parce qu'il s'était préservé de la **corr**uption générale. — Les aliments se **corr**ompent par la chaleur. = 2° Faites aujourd'hui une copie **corr**ecte de la fable intitulée : La Cigale et la Fourmi. — Le poison irrite (1), **corr**ode même, c'est-à-dire brûle et ronge les intestins.

198ᵉ Thème.

Un pavillon des Tuileries **corr**espond à l'autre,
Les deux p— se corr—.
Ta copie est in**corr**ecte, relis-la,
Vos c—.

Vous le voyez par corriger, correspondance, *etc., etc. :*
On met souvent **r r** dans les mots qui commencent en *cor*, lorsque après le *r* il y a une voyelle.

227ᵉ **Dictée.** — 1° En voyant les défauts de leurs camarades, les enfants sages se **corr**igent toujours. — Maman, ta **corr**espondance est bien longue, est-ce que tu as encore plusieurs billets à écrire aujourd'hui? = 2° Ah! petit drôle, tu as

(1) Les mots où l'on prononce les deux *r* n'offrent pas de difficulté orthographique.

jeté de la boue à mon fils! tu mérites une **correction**, je vais te tirer les oreilles! — Après le Déluge, la **corruption** reparut dans le monde : alors Dieu se choisit un peuple.

160e LEÇON.

§ Ier, *ou : La* **peur** *excessive se nomme fray***eur**.

226e **Copie.** — **1°** Le mètre est une mesure de longu**eur.** — Qui sera l'ami d'un moqu**eur?** — Je t'apprendrai une chose, Emma; c'est que la chal**eur** dilate (fait étendre) toutes les choses : les liquides, les métaux, les cristaux même. = **2°** Les voyag**eurs** qui parcourent les vastes plaines sablonneuses de l'Afrique n'évitent les vol**eurs** qu'en formant des troupes ou caravanes. — La pluie a cessé, les fl**eurs** ont repris l**eur** éclat et l**eur** od**eur.** — La Bible ne nomme pas les s**œurs** (1) du fratricide Caïn.

199e Thème.

Le ment**eur** devient très-souvent un vol**eur,**
Les ment—.
L'enfant courageux supporte avec fermeté la doul**eur,**
Les enf—.

Vous le voyez par **peur, frayeur,** *etc., etc.* :
On termine par **eur** (sans *e* muet) les mots qui finissent en *eur*.

228e **Dictée.** — **1°** Marie charme tout le monde par sa douc**eur.** — Francisque, juge, en y goûtant, combien la sav**eur** de l'ananas est

---

(1) Un auteur a dit sororicide.

exquise ! — Ce que contiendrait un dé à jouer qui aurait dix centimètres de hauteur est exactement ce que contient le litre. = 2° Les singes sont des animaux éminemment grimpeurs. — Votre prononciation est incorrecte, vous n'êtes qu'un bredouilleur, Évariste. — La frayeur, comme le microscope, grossit considérablement les objets.

---

§ II, *ou : Il faut s'endurcir aux fatigues.*

227e **Copie.** — 1° Dieu a créé le lion pour rugir, le taureau pour mugir, la colombe pour gémir, le chat pour miauler; et tous ces animaux pour s'anéantir ensuite : mais il nous a créés pour le servir, pour l'aimer, et pour vivre éternellement avec lui. = 2° Pour grossir dans sa coquille, le petit oiseau mange en premier le blanc qui est léger, ensuite il mange le jaune. — Ce n'est pas obéir qu'obéir lentement. — Toute la nature nous invite à bénir le Créateur.

Ainsi que vous le voyez dans endurcir, rugir, *etc., etc.* :
On termine par **ir** (sans *e* muet) *la plupart* des verbes dont l'infinitif finit par *ir*.

229e **Dictée.** — 1° Ne faites jamais souffrir les animaux. — Les oiseaux savent se bâtir des maisons et préparer des demeures pour leurs petits à venir. — Les Européens sont-ils parvenus les premiers à franchir sur l'Océan des distances considérables? = 2° Les animaux ne peuvent pas réfléchir, c'est l'instinct (1) qui les porte à agir comme ils le font. — Lorsque le soleil cesse de nous faire sentir sa chaleur bienfaisante, on voit tout languir, tout dépérir.

---

§ III, *ou : Cessez de vous prévaloir d'avoir fait votre devoir.*

228e Copie.

Remarquez que : du substantif masculin *devoir*, on forme le mot *devant*.

(Mettre *v* sous les infinitifs, — et *s* sous les substantifs en **oir**.)

1° Le tonnerre gronde, il va pleuvoir; rentrons. — Nous voudrions bien voir qui, d'Emma ou de Pauline, souffrira avec plus de patience chez le dentiste? — Je vais revoir mes chères montagnes et nos hameaux si riants. = 2° Ah! maman, que tu serais bonne si tu voulais bien m'acheter un petit arrosoir. — Dès que le raisin est coupé, on le transporte au pressoir; là on le foule, etc. — Demandez à Joséphine un bougeoir et un éteignoir.

200e Thème et 201e.

1. Le bon écolier n'aura garde de déch**oir** (*en déchéant*).
Les b— garde de déch**oir**.
Veux-tu av**oir** soin de mon réserv**oir** (*réservant*)?
Voulez-vous avoir soin de m—?
2. Que ma sœur admire ce repos**oir** (*reposant*)!
Que mes s—!

---

(1) *Instinct* a pour dérivé *instinctif*.

Ma poule dormira sur le juch**oir** (*juchant*),
Mes p—.

Comme vous le voyez dans les verbes préval**oir**, av**oir**, — *et dans les substantifs* dev**oir** (*de-vant*), pouv**oir** (*pou-vant*), *etc., etc.* :

On termine par **o i r**, 1° les infinitifs en *oir*, — 2° les substantifs masculins desquels on peut former un mot en *ant*, en changeant les trois dernières lettres.

230e Dictée. — **1°** S'occuper, c'est sav**oir** jouir. — Les écailles des poissons sont placées sur eux de telle sorte qu'ils ont tous les moyens de se mouv**oir** à leur gré. — Maman, je voudrais pouv**oir** t'exprimer combien tu es bonne, et combien je t'aime ! = **2°** Le tranchant du ras**oir** le mieux affilé est denté, tu peux le v**oir** avec ton microscope. — Ah ! Blanche ! que ton livre a un joli ferm**oir** en argent ! — Claudine, voulez-vous verser votre braise dans cet étouff**oir**, et porter ensuite un bouge**oir** dans ma chambre ?

231e Dictée. — **1°** Brillant ! cherchez dans l'appartement le mouch**oir** de ce maître ! — Les végétaux vivent, mais ils n'ont pas le pouv**oir** de se mouv**oir** à leur gré. — Il est bien honteux de dev**oir** lorsqu'on aurait la faculté de payer. — Pour réussir il faut voul**oir**; voul**oir** fortement c'est pouv**oir**. = **2°** Sav**oir** retrouver sa route en rase campagne au moyen de points cardinaux, c'est sav**oir** s'orienter. — Personne de nous n'a le pouv**oir** de prév**oir** les choses futures. — Mon dev**oir** est fini, jouons !

§ IV, *ou : Bon***jour**, *Léon, venez visiter avec nous cette* **tour** *en ruines.*

229e **Copie.** — **1°** Le topinam**bour** est un tubercule alimentaire. — Le vau**tour**, le milan, la buse, l'épervier, le faucon, sont appelés des oiseaux de proie diurnes, parce qu'ils chassent pendant le **jour**. = **2°** Monsieur, nous employons ici des **fours** pour faire éclore les œufs de nos poules. — Je serai absent quinze ou vingt **jours**, Émile; et si j'apprends à mon re**tour** que tu as été bien sage, je t'achèterai un magnifique tam**bour**.

Vous le voyez par bonjour, tour, *etc., etc.* :
On termine généralement par o u r (sans *e* muet) les mots en *our*.

232e **Dictée.** — **1°** Pourquoi donc, Clémence, fais-tu la pleureuse? Tu désires une pomme de ram**bour**, demande-la-moi naturellement; en t'entendant je crois entendre cette alsacienne qui nous dit chaque **jour** : Madame, un petit sou pour l'am**our** de Dieu, s'il vous plaît ! = **2°** Notre globe emploie trois cent soixante-cinq **jours** et un peu plus pour tourner au**tour** du soleil. — Victoire, le **four** est-il chaud ? — Madame à sa **tour** monte si haut qu'elle peut monter.

161e LEÇON,

*ou : Mon bon Édou***ard** *ramassa et soigna le vieill***ard**.

230e **Copie.** — **1°** Les armes défensives des

anciens Perses étaient la cuirasse, les **brassards**, les cuissards, le bouclier; le savais-tu, Ber**nard**? — Les nuages sont absolument de la même nature que les brouillards. = 2° Gas**pard**, qu'est-ce que ces quatre hussards portent sur ce brancard? C'est un pauvre soldat, qui vient de recevoir une blessure. — Tu as bien chaud, Léon**ard**, tiens, voilà un foul**ard** pour t'essuyer le visage.

202e Thème.

Le prudent vieill**ard** amasse incessamment,
Les p—.
Quelle grosse et large pince a ce hom**ard**!
Q—!

Ainsi que vous le voyez dans Édouard, vieillard, *etc., etc.* :
On termine très-souvent par **a r d** les mots en *ar*.

233e **Dictée.** — **1°** A qui ce bonnet et ce béguin, Loïsa? C'est à mon gros poup**ard**. — Que de ravages le ren**ard** exerce dans un poulailler, lorsque le has**ard** veut qu'il y entre! — Édou**ard**, Rich**ard**, Léon, voulez-vous jouer au colin-maill**ard**. = **2°** La pêche du hom**ard** est assez difficile. — Gér**ard**, la robe toute mouchetée du léop**ard** est bien jolie. — Taisez-vous, petits babill**ards**, petits bav**ards**! vous êtes des importuns.

162e LEÇON,

ou : Le pervers a été découvert.

Remarquez que : **Pervers** fait *perverse*; — et **découvert**, *découverte*.
Relire la Remarque générale, page 135.

231e **Copie.** — 1° Tout en tout est divers, c'est-à-dire : Les choses sont toutes diverses les unes des autres. — Robert (1), on désigne sous le nom d'univers (1) tout ce qui existe dans le monde ; y compris le soleil, la lune, et tous les astres. = 2° Ne crois pas, Albert (1), que le plomb soit le plus lourd (1) des métaux; tu te tromperais. — L'Afrique renferme de très-vastes déserts (1) sablonneux. — Le porc (1) est un animal immonde pour les Juifs. — Les bords (1) des lieux marécageux sont parfois couverts (1) de brouillards.

234e **Dictée.** — 1° Admirons l'univers, et surtout adorons Dieu qui l'a créé par sa parole. — Le montagnard (2) est fort (2). — Cette branche de prunier fléchit sous le fruit, donnez-lui un support (2). — Marchez au bord de l'eau, Gilbert (2). = 2° Le lard (2) d'un porc qui a mangé des glands est plus ferme et d'un

---

(1) *Robert, Albert, désert, couvert*, ont pour dérivés *Robertine, Albertine, déserte, couverte*; — *univers* fait *universel*; — *lourd, bord*, font *lourde, border*; — enfin *porc* a pour dérivés *porcher, pourceau*.

(2) *Montagnard, lard*, ont pour dérivés *montagnarde, larder*; — *fort, support, Gilbert*, font *forte, supporter, Gilbertine*, etc.; — *épars* fait *éparse*, etc., etc.

meilleur **rapport**, c'est-à-dire qu'il **rapporte** plus d'argent. — Hier Lise dansait, le fermoir de son collier s'est **ouvert**, ou bien son collier s'est défilé; en un moment tout le corail a été **épars** (*Voir note 2, page 244*) dans le salon.

SUPPLÉMENT

1° *J'ai mon Dieu que je* **sers.**

REMARQUE. — On termine par R S quelques mots de verbes ajoutés à je et à tu (et dont l'infinitif ne finit pas en er) (1).

232e **Copie** (ou 235e **Dictée**). — **1°** *Je* me **sers** d'un couteau d'argent pour peler mes poires. — Dépêche-toi, Gaspard. *Je* **pars**, *je* **cours**; je serai revenu dans cinq minutes. — Si *tu* **sors** par le froid, par la pluie, par le verglas, tu te porteras parfaitement. — **Dors**-*tu* bien, Léonie ?

2° *La tortue* **part.**

REMARQUE. — On termine par R T quelques mots de verbes ajoutés à un substantif, à il, à elle, etc. (ceux dont l'infinitif ne finit pas en er) (1).

= **2°** *Fanfan* **court** comme un étourdi sans regarder à ses pieds, voilà pourquoi il tombe si fréquemment. — La *tortue* **part**, elle se hâte avec lenteur. — *Xavier* **dort** profondément. — C'est Aménaïde *qui* nous **sert** à table.

163e LEÇON,

ou : La limace et le limaçon sont dégoûtants.

233e **Copie.** — **1°** Ah ! quelle joie, Robert !

(1) Voir l'*Orthographe enseignée aux enfants de 7 à 9 ans.*

les glaçons sont soudés par le froid, le canal est une plaine de glace; enfin nous pouvons patiner! — En te plaçant (1) au haut de la tour, n'aperçois-tu (1) pas l'Océan dans le lointain? = 2° Bonne mère, pendant ton voyage, ton Édouard s'efforçait (1) de bien étudier, pour savoir lire couramment à ton retour. — Veux-tu te balancer, ma sœur? la balançoire est en fort bon état.

203e Thème.

Que voilà une raie mal tracée! qui la traça aussi mal?
Que voilà des r—! qui les—?
Mon frère a au doigt un pinçon très-douloureux (pincer),
Mes fr— à leurs deux petits d—.

Comme vous le voyez dans limaçon (de *limace*), glaçon (de *glace*), *etc., etc.* :

On met un ç (avec une cédille) pour peindre l'articulation *s* avant *a, o, u,* dans les mots qui ont un *c* dans un dérivé.

236e **Dictée.** — 1° L'oncle d'Édouard, riche commerçant (2) de Toulon, nous a parlé longuement du bagne, et des travaux des forçats (2). — A Alger, nous forçons (2) les petits arabes à apprendre le français (2). = 2° Admire donc la façade (2) du Louvre, du côté de la colonnade surtout! — Richard, votre copie est bien malpropre, elle est pleine d'effaçures. (2) — Voyez ces tronçons (2) d'anguilles, de serpents, de couleuvres, etc., ils remuent comme s'ils étaient des animaux vivants.

(1) Le c de *plaçant, aperçois, s'efforçait,* se trouve dans : *placer, apercevoir, s'efforcer.*

(2) Le c de *commerçant, forçat, forçons, français, façade, effaçures, tronçons,* etc., etc., se retrouve dans les mots *commerce, forcer, France, face, effacer, tronc* (tronquer).

164e LEÇON.

§ Ier, ou : *Que l'illustr***issime** *Fénelon reçoive vos applaud***issements**.

234e **Copie.** — **1°** Mais la robe de ta poupée est beaucoup trop ample, ma chère Cornélie ! elle est **amplissime,** ta poupée a l'air d'un paquet. — Mon grand-oncle était écuyer de Son Altesse sérén**issime** le prince de Condé. — Corbeil est un chef-lieu d'arrond**issement.** = **2°** Le refroi**dissement** a la propriété de diminuer l'étendue des objets. — L'abus du vin et des liqueurs fermentées produit l'avil**issement,** l'abrut**issement** même ; sache-le bien, Bernard. — Oh ! l'ennuyeux griffon, son glap**issement** nous assourdit.

204e Thème.

Notre tante nous avait apporté de son voyage une bel**lissime** écharpe de foulard,
Nos t— de leurs v—. deux b—.
Votre étourd**issement**, votre évanou**issement** m'a effrayé,
Vos é—, vos é— nous—.

Ainsi que vous le voyez dans illustr**issime**, applaud**issements**, *etc., etc.* :

On peint par **s s** l'articulation *s*, 1° dans les mots terminés en *issime*, — 2° dans les mots terminés en *issement*.

237e **Dictée.** — **1°** Viens goûter avec nous, Maximilien : voilà des fruits, des gâteaux, des crèmes; nous ferons une grand**issime** collation. — Les cardinaux portent ce titre : Éminent**issime**. = **2°** L'accompl**issement** de vos devoirs vous donnera la félicité, même dans ce monde. — Le **rugissement** du lion a quelque chose d'effrayant que n'ont certainement ni le **mugissement** du bœuf, ni le **glapissement** du renard.

§ II, *ou : Fait-on des proc***essions** *dans nos* **missions***?*

235ᵉ **Copie.** — **1°** Irène, avez-vous voyagé dans nos riches poss**essions** africaines ? — Je désire, ma fille, que tu soignes ton langage ; que tu n'emploies jamais une seule expr**ession** vulgaire, commune. — La succ**ession** des saisons est régulière. = **2°** Je l'attends de votre sou**mission**, mes neveux, vous ne toucherez à rien dans le jardin. — Le frère d'Octave a obtenu son ad**mission** à l'école navale. — La **mission** de l'institutrice est un apostolat.

Ainsi que vous le voyez dans proc**ession**, **mission**, *etc., etc.* :
On écrit par **s s** l'articulation *s* dans les mots terminés en *ession* et en *mission*.
NOTA. *Ces mots font exception aux mots en* tion. (V. 59ᵉ leçon.)

238ᵉ **Dictée.** — **1°** Des idolâtres ont fait languir les Juifs dans l'oppr**ession**, en punition de la transgr**ession** de leurs lois. — Le papier dont nous nous servons pour l'écriture et l'impr**ession** se fabrique avec de vieux chiffons. = **2°** Des **missions** ont porté jusque chez les Océaniens le nom du vrai Dieu, cet apostolat s'est continué jusqu'à nos jours. — Nous partons pour l'Orléanais ; voulez-vous, madame, nous charger de vos **commissions**? — On pèche par paroles, par actions, par **omission**...

165e LEÇON,

*ou : Louis éprouve de la ré*pul**sion** *pour la* **version.**

236e **Copie.** — **1°** Maman est bien fatiguée, ma pauvre petite sœur l'a empêchée de dormir toute cette nuit par une affreuse **convulsion.** — Donnez à cette bille une forte **impulsion,** elle tournera très-longtemps et très-vite sur elle-même. = **2°** Si vous entreprenez des **excursions** maritimes lointaines, ayez soin d'emporter une boussole. — Ferdinand est toujours le premier en **version.** — Les Barbares ont fait **incursion** dans les possessions des Romains dès les premiers siècles de notre ère.

Comme vous le voyez dans répul**sion**, ver**sion**, *etc., etc.* :
On met **s i o n** à la fin des mots en *lsion* et en *rsion.*
Nota. *Ces mots font encore exception aux mots en* tion (59e leç.).

239e **Dictée.** — **1°** Mon Adrien, votre bon cœur (1) vous porte à soulager les misérables, suivez toujours ses nobles impul**sions.** — L'Espagne a été plusieurs siècles dans la possession des Maures, l'expul**sion** de ces Infidèles a coûté bien des soins à Ferdinand et à Isabelle. = **2°** La disper**sion** des fils de Noé suivit de près la construction de la tour de Babel, et la confusion des langues. — Un milan plumant un pigeon lui dit :

(1) Cœur a pour dérivé cordial.

Je te connais, je sais l'**aversion** que tes pareils ont pour moi.

166e LEÇON.

§ Ier, *ou : Vén***us**, *Uran***us**, *etc., sont des planètes.*

237e **Copie.** — **1°** Le lot**us** est une plante qui croît dans les Indes au milieu des eaux. — Vous souffrez, je vous donnerai de la mousse de Corse. Qu'est-ce, maman? Un fuc**us** rougeâtre, qui est un vermifuge. = **2°** Marie, je viens de deviner un réb**us**. — Le premier roi de Rome se nommait? Romul**us**, mon papa. C'est fort bien, mon Art**us**. — Le soleil a été adoré sous le nom de Bél**us**. — Vén**us** était pour les Païens la déesse de la beauté.

Vous le voyez par **Vénus, Uranus, lotus,** *etc.* :
On termine par **us** la plupart des mots en *uce*, venant du latin, etc., et qui ont conservé leur forme étrangère.

240e **Dictée.** — **1°** Il se fait tard, l'Angél**us** sonne; reposons-nous avant la nuit close. — Le safran s'appelle aussi croc**us**. — Gérard, vois-tu cet ob**us**? il est tombé sur ma maison, il y a plus de trente ans. = **2°** Savez-vous, René, ce qu'on appelait les Pal**us**-Méotides? — Les mandarins, ou savants de la Chine, suivent la religion de Confuci**us**. — L'étoile du matin, l'étoile du berger, c'est la planète Vén**us**.

---

§ II, *ou : Pall***as**, *Cér***ès**, *etc., sont aussi des planètes.*

238e **Copie.** — **1°** Demandez qu'on vous raconte la belle action de **Léonidas.** — Les peuples de la Grèce ont adoré sous le nom de **Pallas** une prétendue déesse, protectrice des combats. — Étudiez toujours sur votre **atlas.** — Pour les Païens, **Cérès** était la déesse de la moisson. = **2°** Agnès, prenez ces pilules d'**aloès.** — **Osiris** et **Isis** étaient frère et sœur. — Apollon et Diane sont nés, dit-on, à **Délos.** — **Minos** est le législateur de l'île de Crète. — Alois, oh ! que voilà un beau **mérinos !**

Vous le voyez également par **Pallas, Léonidas, Cérès, Osiris, Isis,** *etc., etc.* :

On met **as, ès, is, os** à la fin de la plupart des noms propres, latins, grecs, égyptiens, etc., etc., et même de quelques autres mots terminés en *äce* ouvert, *èce* ouvert, *ice, ôce* ouvert, et qui ont conservé leur forme étrangère.

(Nota. — Nous avons aussi beaucoup de mots qu'on termine en *ace*, en *èce* ou en *esse*, en *ice*, en *oce*, etc. ; mais l'*a*, l'*é*, l'*o* y sont fermés et brefs.)

239° Copie. — **1°** Les monts **Atlas** bornent au midi nos possessions en Afrique. — A la Cour d'un cruel roi, une épée menaçait toujours son favori **Damoclès.** — Pour les Païens, **Palès** était la déesse des bergers, **Iris** était la messagère de Junon. — Quel beau **lis,** Flavien ! = **2°** Cléo**bis** et Biton se sont immortalisés par leur piété filiale. — Savez-vous que l'**ibis** a été mis au nombre des oiseaux sacrés ? — Les **albinos** ont la vue excessivement délicate.

Les autres difficultés de l'articulation **s** ont été présentées dans la seconde section, de la 55ᵉ leçon à la 65ᵉ (p. 74 à 91).

167e LEÇON,

*ou : Dans la c***lasse** *je me suis fait une* **bosse** *au front.*

240e **Copie.** — **1°** On purge aujourd'hui Julien avec de la **casse** et du séné. — Sophie, nous avons vu un vieux chien qui demande l'aumône; il a une **tasse** de bois à la gueule, il est bien drôle! — Où plaça-t-on le fameux col**osse** qui était l'une des sept Merveilles du monde? = **2°** Les naturels de l'Éc**osse** se divisent par clans; chaque clan renferme un certain nombre de familles, et a un chef. — Quelle **bosse** vous avez au front, ma pauvre Octavie! Je me suis heurtée en courant. — A qui la br**osse**?

Ainsi que vous le voyez dans la cl**asse**, une b**osse**, *etc., etc.* :
On met **s s e**, à la fin de beaucoup de mots en *asse* (surtout quand ils ont l'*a* ouvert), — et à la fin de beaucoup de mots en *osse*.

(Nous nous rappelons qu'il y a beaucoup de mots en *ace* et en *oce*, surtout avec l'*a* et l'*o* fermés. Ex. : gl*ace*, grim*ace*, etc., n*oce*, pré*coce*, etc.)

241e **Dictée.** — **1°** Les différentes cl**asses** d'animaux sont les mammifères, les oiseaux, les reptiles, les poissons, les insectes, etc. — Oh! mon papa, quel énorme violon! Ce n'est pas un violon, Auguste, c'est une **basse**; ou plutôt une contre-**basse**, car la **basse** est moins gr**osse**. = **2°** Quelques pâtres parcourent, montés sur des éch**asses**, les landes qui sont entre l'Océan, l'Espagne et le Bordelais. — Otez ces fèves de leur c**osse**, Martine, écossez-les-nous. — Avez-vous remarqué la cr**osse** de notre archevêque?

168e LEÇON,

*ou : **Att**endez-moi sous l'orme !*

241e **Copie.** — **1°** Adorez Dieu, obéissez-lui avec fidélité; puis **att**endez une vie meilleure. — Dans nos greniers, tous les blés sont **att**aqués par les charançons. = **2°** Si vous travaillez sans **att**ention, Alice, vous ne ferez aucun progrès (1). — Cherchez à vous hausser sur la pointe de vos petits pieds; pouvez-vous **att**eindre à la branche de ce prunier? Non! **Att**endez, Olivier, je vous donnerai des prunes.

205e Thème.

La moisson est impatiemment **att**endue ici,
Les m—.
Papa nous promènera dans ce jardin, et dans le clos y **att**enant,
Ils nous pr—.

Comme vous le voyez dans **attendez, attaqués,** *etc., etc.* :
On commence par **att** la plupart des mots en *at*.

242e **Dictée.** — **1°** Les Français, **att**aqués, se sont toujours vaillamment défendus. — Le feu se déclara ici : Xavier sonna le tocsin, les paysans s'**att**roupèrent, puis travaillèrent; enfin on parvint à l'éteindre. = **2°** Ne voyez-vous pas, ma Joséphine, que les nageoires **att**achées aux deux côtés du poisson ce sont ses rames? — Mon ami, prêtez toute votre **att**ention aux conseils et aux paroles des vieillards.

---

(1) Progrès a fait les mots progressif, progresser, etc.

169e LEÇON,

*ou : Tout est aux écoliers couch***ette** *et matelas.*

242e **Copie.** — 1° **Juliette**, vous ai-je dit qu'avec leurs fortes et longues **lunettes** les astronomes ont aperçu des taches au soleil? — Comme votre **collerette** est chiffonnée, **Ninette**! — Qui de vous, mesdemoiselles, fera avec moi des **layettes** pour les pauvres? = 2° Maman, quand je serai bergère, tu me donneras une **houlette** ornée de rubans roses, n'est-ce pas? — Tenez mieux votre couteau et votre **fourchette**, ma fille, et priez **Manette** qu'elle vous **mette** votre **serviette**.

Vous le voyez par couchette, Juliette, qu'elle mette, *etc., etc.* : On met **ette** à la fin de presque tous les mots en *ette;* — on met également **tt** dans les mots des verbes *mettre, permettre,* etc.

243e **Dictée.** — 1° **Antoinette** a dans sa grande volière des **alouettes**, des serins, des rouges-gorges, des **fauvettes**, etc., etc.; enfin toutes sortes de passereaux. — Les **mouettes** sont des oiseaux qui fourmillent sur nos côtes. = 2° Comme une petite fille bien élevée qu'elle est, **Colette** se sert toujours de sa **fourchette**. — Les **allumettes** chimiques sont fort dangereuses, ne touchez pas aux miennes. — **Mariette**, servez-nous à déjeuner une **omelette**, et une bonne **galette** toute chaude; là! sortant du four!

170e LEÇON.

DICTÉES SUPPLÉMENTAIRES

RÉCAPITULATION.

Comme les petits enfants qui ont été attentifs savent un peu l'orthographe déjà, ils n'ont qu'à copier six fois chacun des mots que dans cette 170e leçon ils vont voir imprimés en caractères penchés, et après ils pourront écrire sans faute les devoirs qu'elle renferme, — et puis, grande récompense! ils seront désormais en état d'étudier le livre de l'Orthographe enseignée aux enfants de 7 à 9 ans; — c'est là qu'ils trouveront de jolies dictées!

LE PAIN (1) ET LE BEURRE.

= 1. *Théonie* voudrait avoir du pain et du *beurre*. — *Hé* bien! il faut lui en donner, mes *enfants!*

Mais le pain n'est pas cuit. — *Hé* bien! il faut dire à *Jacqueline* de chauffer le four et de faire cuire le pain.

Mais le pain n'est pas pétri. — *Hé* bien! il faut dire à *Catherine* de faire la pâte.

---

(1) Pain a pour dérivés panetier, panier, etc.

Mais le froment n'est pas moulu. — Il faut dire à *Charles* de porter le grain au moulin, et ordonner au meunier *Georges* de le moudre.

Mais le blé n'est pas *battu*. — *Hé* bien! il faut dire au *bonhomme Mathurin* de prendre son fléau et de le *battre*.

= 2. *Mais* le blé n'est pas moissonné. — Il faut donc dire à *Sylvain* de prendre sa faucille et de le couper.

Mais le blé n'est pas semé. — *Hé* bien! il faut dire à *Jules*, le fermier, qu'il le sème.

Mais le champ n'est pas labouré. — Il faut, en ce cas, dire à *Jean* de prendre les bœufs, et d'aller faire le labour.

Mais la *charrue* n'est pas faite. — Allez *donc* en commander une au *charpentier Thomas*.

Mais le *charpentier* n'a point de *soc* pour la *charrue*. — *Hé* bien! envoyez chez *Jacques*, le taillandier, il aura *bientôt* fait un *soc* sur son *enclume*.

= 3. Nous n'avons point de *beurre*. — *Hé* bien! il faut envoyer *Pierre* à la ferme pour en avoir.

Mais le *beurre* n'est pas *battu*. — *Hé* bien, *Mathilde* ou *Clarisse!* prenez la *baratte*, et *battez*-nous un peu de *beurre*.

Mais on n'a pas *trait* les vaches. — *Hé* bien, *Hélène!* prenez votre *seau*, et allez les *traire*.

Mais la crème ne sera pas montée. — *Hé* bien, *Théonie* attendra!

LE FEU.

Arthur avait la dangereuse *habitude* de toucher au feu; et, quoiqu'il *fût assez* raisonnable du reste, on ne pouvait pas le perdre de vue : un jour que la bonne d'*Arthur* était sortie, sa mère, obligée de s'absenter un *instant*, le *laissa seul* au salon, après lui avoir recommandé de rester sur un siége; mais à *peine* la maman *eut*-elle *quitté* la chambre, que voulant voir ce qu'il appelait un feu d'artifice, *Arthur* prit les pincettes, et remua les bûches : un tison roula sur le parquet, et mit le feu à la blouse, puis de là à la collerette du petit désobéissant; la *flamme* l'entoura *bientôt*.... par *bonheur* sa bonne rentra, et l'on put sauver l'imprudent; cependant *Arthur* conserva toute sa vie une *cicatrice* à la joue.

MARIE, OU L'AIMABLE ENFANT!

1. *Toujours* on appelle la petite Marie : L'aimable *enfant!* si *quelqu'un* l'*interroge*, elle répond d'une manière toute gracieuse; et elle *prononce* bien distinctement, parce qu'elle sait qu'il n'est pas joli de parler entre ses dents : — *quand* sa bonne lui dit : « Mademoiselle, levez la tête! » elle se tient si droite que c'est une merveille : « Mademoiselle, marchez comme il faut! » *aussitôt* elle met les pieds en *dehors* : enfin, *sans*

répliquer, *sans* faire la moue, la petite Marie fait *toujours*, et tout de suite, ce qu'on lui commande; *jamais* il ne faut le lui dire deux fois :

2. *Jamais* non plus il n'*échappe* à Marie, l'aimable *enfant*, une parole *grossière*, ou même seulement désagréable; et qui est-ce qui lui a vu faire rien qu'on *puisse* blâmer? *Aussi* toutes les amies de sa mère l'aiment *beaucoup;* toutes *prennent plaisir* à voir jouer leurs *enfants* avec elle, toutes prient sa mère de l'amener pour courir dans leurs jardins, pour y sauter à la corde, pour s'y balancer dans le *hamac;* et toujours, *quand* Marie doit venir, elles préparent de magnifiques collations : sa mère est bien *heureuse, certes!*

Elle est *heureuse aussi*, Marie, l'aimable *enfant!*

Mon *enfant*, à moi, sera *bientôt aussi* aimable et *aussi heureuse* que la petite Marie, n'est-ce pas?

FIN.

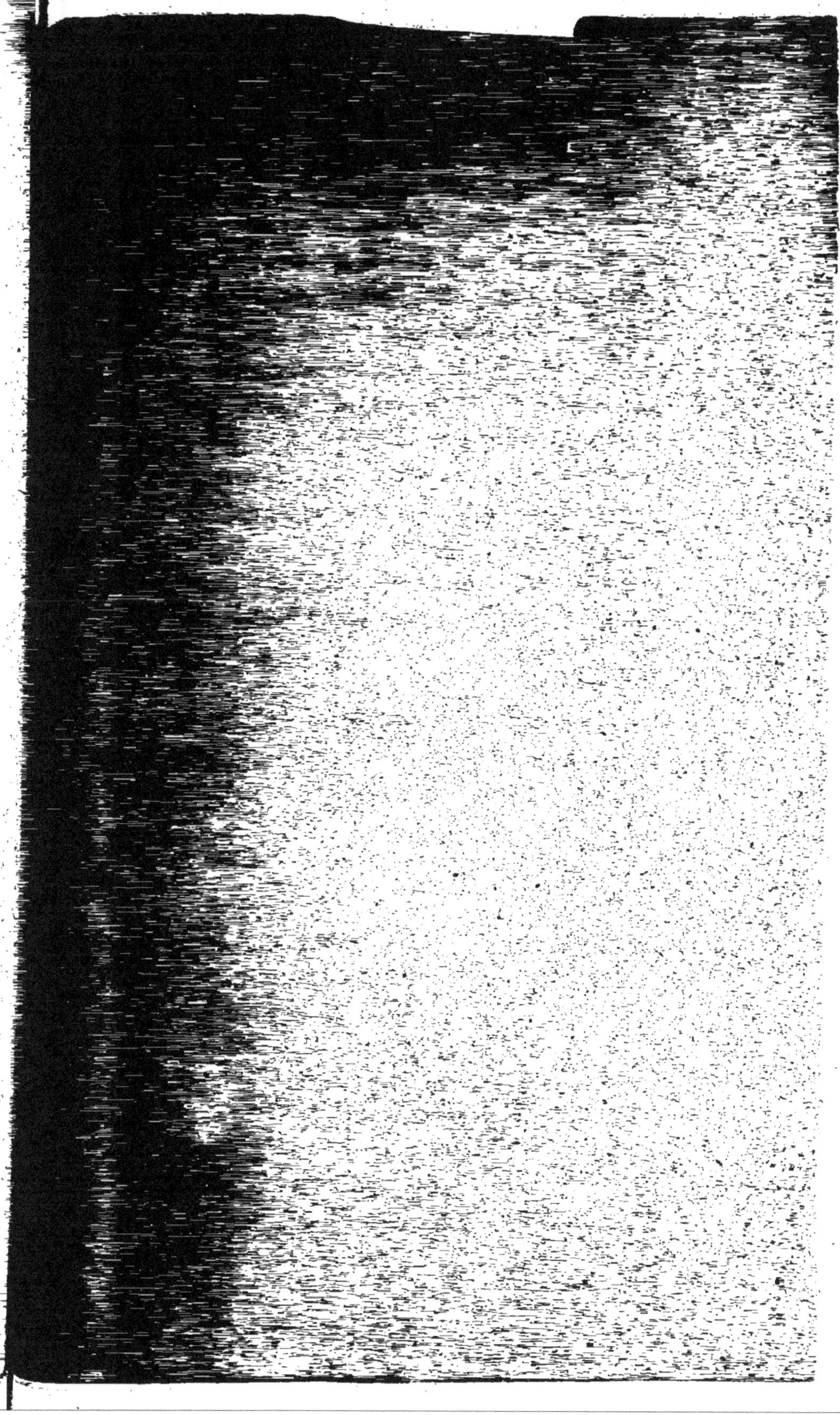

RECHERCHES

Historiques

SUR LES FOUS

DES ROIS DE FRANCE

ET ACCESSOIREMENT

Sur l'emploi du Fou en général

Par A. CANEL

« Il faut parler aussi bien des fous comme des sages. »

(Brantôme, *Hommes illustres.*)

PARIS
ALPHONSE LEMERRE, ÉDITEUR
27, PASSAGE CHOISEUL, 29,

1873

www.ingramcontent.com/pod-product-compliance
Lightning Source LLC
LaVergne TN
LVHW020552230826
846091LV00002B/470

* 9 7 8 2 0 1 4 4 3 6 5 2 5 *